CORPVS SCRIPTORVM ECCLESIASTICORVM LATINORVM

EDITVM CONSILIO ET IMPENSIS

ACADEMIAE LITTERARVM CAESAREAE

VINDOBONENSIS

VOL. XXXVIII

S. FILASTRII

DIVERSARVM HERESEON LIBER

EX RECENSIONE

FRIDERICI MARX

Verlag der
Österreichischen Akademie
der Wissenschaften

ÖAW

PRAGAE F. TEMPSKY. VINDOBONAE F. TEMPSKY. LIPSIAE G. FREYTAG.

MDCCCLXXXXVIII.

SANCTI

FILASTRII EPISCOPI BRIXIENSIS

DIVERSARVM HERESEON LIBER

RECENSVIT

FRIDERICVS MARX

Verlag der
Österreichischen Akademie
der Wissenschaften
ÖAW

PRAGAE F. TEMPSKY. VINDOBONAE F. TEMPSKY. LIPSIAE G. FREYTAG.

MDCCCLXXXXVIII.

Typis expressit Rudolphus M. Rohrer, Brunae.

MARIAE MARX

PROLEGOMENA

'*Filastrius quidam Brixensis episcopus, quem cum sancto Ambrosio Mediolani etiam ipse uidi, scripsit hinc librum nec illas hereses praetermittens quae in populo Iudaeo fuerunt ante domini aduentum easque XX et VIII commemorauit et post domini aduentum CXX et VIII.*' *Filastrii uita et aetas*

Ita Augustinus scripsit in epistola ad Quoduultdeum multis annis post obitum et Epiphanii quem exscripsit in libro de haeresibus et huius scriptoris quem edidimus: quae epistola una cum sequenti, qua Quoduultdei responsum continetur, in codd et editt libro Augustini de haeresibus quasi prohoemium solet praeponi, exstant editae in editione Benedict. S. Mauri Paris. 1688 tomo II CCXXII. CCXXIII p. 817. 818 et in Francisci Oehleri Corporis haeresiologici tomo I Berolini 1856 p. 189.[1]) Incipit autem Augustini epistola his uerbis: *Acceptis litteris caritatis tuae ubi a me ardentissimo studio postulasti ut* de omnibus heresibus *quae post domini saluatoris aduentum aduersus eius doctrinam* pullulauerunt *aliquid* breuiter *scriberem . . . rescripsi* e. q. s. Quibus uerbis apparet comparatis illis quae de Filastrii operis compositione l. s. s. enarrat in eadem epistola, in manibus tum habuisse eum exemplar Filastrii cuius praefatio his uidelicet uerbis exordiatur: *De hereseon diuersa pestilentia, uariisque erroribus qui . . . ex quo*

[1]) Codicum lectiones, quibus opus erat ad ea quae et hic enarrantur et in editione adnotantur, benigne indicarunt A. Goldbacher F. Klein Augustini editores: codicem optimum Vindobonensem 16 saec. VIII aut IX quem secutus sum in orthographia etiam ipse contuli qui continet inde a folio 21 r Augustini opusculum de haeresibus praepositis illis epistulis duabus.

uenit dominus noster Iesus saluator in carne pullulauerint *dicere oportet numerumque earum* paulatim *exponere*. In illo igitur Augustinus quod modo perlegerat exemplari nomen auctoris legebatur *Filastrii* et recordabatur Augustinus et episcopi Brixiensis personae et nominis eius.

Neque in martyrologio illo quod Hieronymi nomine circumfertur ornatum edito a I. B. de Rossi L. Duchesne Acta Sanctorum Nouembris II Bruxellis 1894 Filastrii nomen inuenitur neque in reliquis uetustioribus Kalendariis (E. Egli Altchristliche Studien Zürich 1887 p. 103 Acta Sanctorum Iulii tom. IV Antuerpae 1725 p. 383 C) neque dum inter uiuos fuit scriptorem neque auctore mortuo librum de haeresibus eruditionis aut doctrinae gloria insignem fuisse et Augustini uerbis qui scripserit *Filastrius quidam* euincitur et Gennadii aliorum silentio. Viderat eum Augustinus Mediolani inter annos 383 et 388 (M. Ihm studia Ambros. Lips. 1889 p. 8, 8), cum anno 381 Filastrius episcopus interfuerit concilio Aquileiensi (Mansi conciliorum collect. tom. III Florent. 1759 p. 599 seqq.): successit quidem Filastrio episcopo Gaudentius episcopus Brixiae, utriusque tamen uita certo nondum definiri potuit annorum calculo nisi quod nemo poterit dubitare quin ineunte saeculo IV natus sit Filastrius, obierit inter annos 381 et 397 quo anno obiit Ambrosius. Neque multum eo promouetur et augetur uitae Filastrii scientia quod anno 344 Vrsacium episcopum Brixiensem traditum est interfuisse concilio Sardicensi (Mansi l. s. III p. 39. 42. 49) neque multa de Filastrii uita et rebus gestis in sermonibus suis tradit episcopus Gaudentius qui ei successit in urbe quae tunc et *Brixia urbs* Brixa et Brixia et fortasse etiam Brictia nominabatur hodieque est Brescia: Bricsiam eam dixit auctor carminis acrostichi quo de infra agetur p. VIII x litteram qui uoluerit euitare. Atque Gaudentius in praefatione sermonum ad Beniuolum apud Paulum Galeardum Veterum Brixiae episcoporum ... opuscula Brixiae 1738 p. 218 (Migne Patrol. Lat. XX p. 829) hunc appellat Beniuolum *imbutum admirabilibus doctrinis apostolici per omnia uiri patris nostri Filastrii*, in sermone de ordinatione sua quem ante annum 397 habuit uiuo Ambrosio (l. s. p. 334 G p. 957 M) laudat *illam uenerandae memoriae patris mei Filastrii eruditissimam uocem quae per gratiam spiritus sancti large effluens hanc ecclesiam in fide trinitatis adorandae fundauit, in uera spe et caritate perfecta constituit, ad uirtutes erexit, in pace reliquit:* quae pietatis egregiae testimonia esse apparet et uera et genuina.[1]) Atque in sermone de Machabaeis cum scribat (p. 326. 327. 330 G p. 949. 952 M): *quique cognomentum Machabaeorum trahebant ex genere sicut hodie Aniciorum progenies uel si qua sunt huiusmodi nuncupationum uocabula,* memor sane horum fuit uerborum Filastrii cap. 24, 3: *Nam ut est genus aut Graecorum aut Aniciorum et aliorum, ita ex parentibus suis omnis illorum emerserit progenies, ex uno nomine impia generatio ut Bahalitae dicerentur:* doctrinam quoque Filastrii multis secutus est locis (conf Galeardus l. s. p. XVI) ueluti de saeculi consummatione similia docet p. 297. 299 G p. 916. 918 M atque Filastrius cap. 107, uerba tamen ipsa Filastrii aut sententias eius nusquam uidetur posuisse. Exstabat autem apud Brixienses sepulcrum Filastrii ad Sanctum Andream usque ad saeculi IX initium ediditque Galeardus l. s. p. 388 e cod Brixiano illo bybliothecae Quirinianae (A I 8) saec. XI uel XII qui continet et Gaudentii sermonem de uita et obitu Filastrii de quo infra agetur et fol. 153ᶜ—162ᵃ Ramperti sermonem de translatione Filastrii (Galeard. l. s. p. 387 seqq.) haec quae ante Ramperti sermonem scripta sunt: *In martyrologio nostrae Brixiensis ecclesiae ita scriptum inuenimus: XV Kl. Aug. Brixiae assumptio beatissimi pp. Filastrii. Iacet ad Sanctum Andream. Titulus autem sepulcri eius siti iuxta altare beatissimi Andreae apostoli in meridiana plaga erat:* FILASTRIVS BEATISSIMAE MEMORIAE HIC REQVIESCIT IN PACE. Non est quod de fide et antiquitate huius inscriptionis dubitemus: etiamsi non iam possit definiri num prima omnium

[1]) Nominat autem Gaudentius eum secundum codicum testimonia *Filastrius,* non *Philastrius:* quod A. Polaschek me nuper hac de re edocuit sciscitantem eidemque debentur quae de codd Brixiensibus hic enarrantur.

ista fuerit sepulcri Filastrii inscriptio: quem in sua urbe a grege suo hoc fuisse nominatum nomine omnia haec testimonia aperte testantur diemque illum obitus episcopi acerrimi parentalibus quotannis factis posteris recte traditum esse admodum est probabile. Idem dies iam memoratur in sermone

Gaudentii sermo de uita et obitu Filastrii

Gaudentii qui fertur XXI (p. 374 G p. 1002 M), qui in eodem illo codice Brixiensi (p. 151[d]—153[c]) traditus est cui sermoni inscribitur *de uita et obitu beati Filastrii episcopi praedecessoris sui.* Quem sermonem nemo non studiosissime perscrutabitur Filastrii studiosus: at summopere spe deceptus librum mox abiciet. Quid? Neque de patria neque de aetate neque de parentibus neque de uita Filastrii quicquam resciit Gaudentius successor? Neque enim quicquam noui aut boni inesse apparet in hoc sermone, nisi quod XIV annos post obitum Filastrii habitum esse eum finxit auctor (p. 374 G 1002 M): ne id quidem uoluit indicare nihil sibi traditum esse et compertum de aetate patria uita Filastrii. Quae de uita eius memoriae tradit in sermone, ea omnia aliunde nota sunt: ueluti quod '*XV Kal. Aug. exuit hominem*' (p. 374 G p. 1002 M), quod '*sepulcrum eius est apud nos*' (p. 371 G p. 998 M), in loco denique uberrimo sermonis istius de uita Filastrii Augustini uerborum illorum quibus exorsi sumus frigidam et friuolam interpretationem inesse facile intellegitur: '*sed circuiens*', inquit (p. 372 G p. 999 M) '*uniuersum paene ambitum Romani orbis dominicum praedicauit uerbum, Pauli apostoli idoneus imitator existens. Sancto enim spiritu plenus non solum contra gentiles atque Iudaeos, uerum etiam contra* hereses omnes *et maxime contra furentem eo tempore Arrianam perfidiam tanto fidei uigore pugnauit, ut etiam uerberibus subderetur et in corpore suo stigmata domini nostri Iesu Christi portaret. Nam et in Mediolanensi urbe idoneus olim custos dominici gregis fuit, Arriano repugnans Auxentio priusquam beatus eligeretur Ambrosius. Romae etiam non exiguo tempore moratus, multos et publica et priuata disputatione lucratus in fide est. Sed neque per uicos et castella* (Marc. VI 6) *diuersarum praeteriens regionum praedicare uerbum dei umquam destitit fidelis Christi discipulus. Post illos itaque circuitus animarum plurium salutares Brixia eum rudis quondam sed cupida doctrinae promeruit*'. Etenim in uerbis *contra hereses omnes* Augustini uerba supra p. III posita agnoscuntur: quae de Filastrio Mediolani commorante narrantur, item ex Augustini loco illo petita esse apparet, de Auxentio Ariano refert edoctus eis quae de uita Ambrosii clericis sat nota erant, denique Arianae perfidiae Filastrium obstitisse e Gaudentii praefatione (p. 218 G p. 829. 830 M) intellexerat: Romae eum fuisse consentaneum uidebatur et uerberibus caesum esse et stigmata Christi in corpore suo Filastrium portasse libenter addidit quia martyribus et martyrologiis, quo tempore natus est sermo iste, Filastrii Brixiensis nomen aut additum modo fuit aut addi auctor uolebat. Adde denique quod sermo iste in reliquis codd Gaudentii non inuenitur, exstat in solo illo Brixiensi: nam alterum cod Brixiensem recentissimum non curo. Itaque iure suo L. E. Dupin Noua bibliotheca auct. ecclesiast. tom. III Colon. Agripp. 1693 p. 143: '*Gaudentio*', inquit, *B. Philastrii ipsius antecessoris uita . . . uolgo adscribitur: mihi quidem hoc non plane est persuasum* (conf tom. II Colon. Agripp. 1692 p. 428). Scriptus est sermo ille saeculo IX ineunte aut exeunte saeculo VIII Brixiae ab homine quodam qui Filastrii gloriae ut succurreret Gaudentii induerat personam: uersibus Sapphicis eum aemulatus est Brixiensis nescioquis poeta cuius carmen acrostichon in eodem cod inde a folio 162ª (p. 377 seqq. G p. 1003 seqq. M) seruatum est: qui apertius et sincerius quam sermonis auctor de Filastrio fatetur u. 21 seqq. 'Turribus quorum genitus hic fuit Nullus ex nobis meminit sapit nec.' Cuius rhythmi meminit saeculo IX Rampertus episcopus (p. 399 X G) his uerbis: '*Sed et rhythmicum hymnum quem ergo auctoritatis Gaudentium episcopum fecisse ferunt cantare de ipso sedule consueuerat. Gaudentium autem ipsum composuisse nuto, cum longe aliterque sensus primae lineae sit et ipse rhythmus elementa nominis compositoris sui per capita ut ita dixerim uersuum, si quis intendat, habeat.* Capita uersuum carminis acrostichi exhibent uerba FILASTRIVS BRICSIENSIS PRAESVL: quare Rampertus Filastrii carmen esse l. s. iudicauit, alii Gaudentium praesuli suo has laudes cecinisse arbitrabantur quod omnes credere uoluit is qui rhythmum composuit quisquis fuit ille. Haec omnia nata esse apparet eo tempore quo martyrologia in honore esse coeperunt (Martyrol. Hieronym. l. s. s. p. III), eodem fere tempore quo Rampertus episcopus corpus Filastrii e uetusta ecclesia S. Andreae transtulit in matrem ecclesiam hiemalem Brixiensem anno 838 (Galeard. p. 388. 389). Qui quod refert (p. 399 G) quartum Pergamensem episcopum *in epitaphio tertii episcopi hoc est praedecessoris sui* meminisse *quod Ambrosius ipsum episcopum, Filastrius consecrauit diaconum* quo iure referat nos non iam possumus statuere. Summi tamen momenti esse uidetur quod in omnibus his saeculi VIII et IX monumentis neque in Pseudogaudentii sermone neque in carmine illo neque in Ramperti tractatibus ullus exstat locus quo aliquod exemplar libri Filastrii tunc Brixiae cognitum fuisse fiat manifestum: scilicet codex aliquis manuscriptus Filastrii neque hodie exstat Brixiae neque Galeardi tempore exstabat neque Ramperti tempore id est saeculo IX. Itaque perpauca sunt quae de uita Filastrii hodie possumus ediscere ex Augustini epistola illa actis Concilii Aquileiensis habiti a. 381 Gaudentii sermone illo de ordinatione sua habito Ambrosio etiamtunc uiuo: unde constat Filastrium obiisse ante annum 397 quo anno obiit Ambrosius (Ihm stud. Ambros. p. 8, 8). Quae recentioris aeui uitarum scriptores de Filastrii uita et patria commenti sunt exstant edita in Actis Sanctorum Iulii tom. IV Antuerpae 1725 p. 383 E.

De nomine Filastrii et patria

Ne de nomine quidem scriptoris hodie constat nec constabat inter eius aequales. Augustinus in ea quam in exordio huius disputationis proposui epistula eum nominat *Filastrius:* quod nomen Brixiae uerum nomen episcopi habitum esse euincunt Gaudentii testimonia quae supra exhibuimus et Brixiensis ecclesiae uetus memoria. Accedit quod idem nomen exstat in titulo inscripto in Syringibus Aegypti CIG III 4817 Φιλάστριος φιλόσοφος τὸ β θεασάμενος: refert praeterea Nicolaus Comnenus Papadopoli Praenotiones mystagogicae Pataui 1697 p. 143 col. 2 a Philastrio monacho Studite eruditum esse Constantinum Harmenopulum: quem locum doctissimus Fabricius attulit in praefatione Philastrii editionis ad lectorem p. 5. Unde nos hac forma nominis in hac editione usi sumus. At permirum est Augustinum cum librum suum de haeresibus componeret quasi oblitum epistolae illius nomen episcopi Brixiensis ita commutasse ut ubique eum non *Filastrium* sed *Filastrum* nominaret audiretque ille nominatiuo casu positus *Filaster*: quem secuti sunt in hac re Praedestinatus qui dicitur (conf infra p. XVII) et Gregorius Magnus (conf infra p. XVIII) librarii duorum codicum Filastrii qui exstant (conf infra p. XV. XVI) nec est quod in tanto consensu testimoniorum de errato cogites aut Augustini aut librariorum. Atque de Augustini testimoniis infra agetur p. XIII seqq.: qui non temere mutasse nomen scriptoris est existimandus, sed cum in epistola illa eum ut hominem ignobilem appellet *Filastrius quidam*, in libro de haeresibus cap. 41 l. i. s. p. XIV loquitur de prolixissimo libro quem Filaster episcopus Brixanus condiderit non addito uocabulo *quidam*. Monumentum aliquod opinor maioris et grauioris auctoritatis qualia sunt gesta concilii Aquileiensis anno 381 habiti inspexerat Augustinus quo commotus illud quod in codice suo traditum erat nomen *Filastrius* abiecit, adsumpsit nouum istud *Filaster*. Nam sicuti Augustinus suam mutauit sententiam ita et multos qui haec perlegent sententiam de nomine episcopi Brixiensis ex eis quae adhuc protuli monumentis coactam commutaturos suspicor cum audierint in actis concilii illius audire eum non *Filastrius* sed *Filaster*. Quae acta insunt in celeberrimo et uetustissimo illo cod Parisino 8907 saec. VII (Zangemeister-Wattenbach exempla codd Latin. tab. XXII) quo de egerunt G. Waitz Über das Leben und die Lehre des Ulfila Hannover 1840 W. Bessel Über das Leben des Ulfilas e. q. s. Göttingen 1860, seorsim autem ferebantur antiquitus in libris manuscriptis, non continentur in codicibus reliquorum actorum teste Mansio Conciliorum noua collect. tom. III Florent. 1759 p. 601 adn. 2: conf G. Rauschen Jahrbücher der christlichen Kirche unter dem Kaiser Theodosius Freiburg i. B. 1897 p. 104 seqq. Memoratur *Filaster episcopus Brictianus* in his actis p. 612. 613 edit. Mansii codice Parisino hanc scripturam testante: qui p. 601 a M habet *Filastro*, et in catalogo episcoporum p. 599 l M *Felaster.*[1]) Atque de hac discrepantia nominis secure tunc licebit iudicare cum acta huius concilii quo tempore edita sint constabit: nunc non ausim his actis fidem derogare ne in Filastrii quidem nomine (conf Mansi l. s. p. 601 adnot. 2). Nam cum actis concilii illius Filastrii nomen inprimis inclaruisse consentaneum sit, his actis uel similibus eorum Augustinum arbitror commotum fuisse ut hac potius forma nominis uteretur in libro de haeresibus qua scilicet scriptor ipse usus sit in tabulis publicis summae auctoritatis. Neque tamen habeo equidem apte quomodo nominum diuersitatem explicem: quare praetulerim *Filastrii* nomen in editione, ex eis intellegitur quae supra de origine eorum, quae Augustinus in epistola ad Quoduultdeum posuit, disserui. Etenim cum inueniantur et ὁμογάστωρ et ὁμογάστριος, Εὐπάτωρ et Εὐπατέριος Εὐπάτριος colligas eum primum nomine barbaro praeditum fuisse quod nomen postea Graece uertit nec utrum Φιλάστηρ — quod uocabulum eadem ratione compositum est quo φιλέλλην alia — an Φιλάστριος rectius nominetur ipse uidetur multum curasse aut laborasse. Codicum eorum qui *Filastri* librum continent cum hunc quem modo posui genetiuum exhibeant nulla fides est: ego tamen cum uoluerim f littera eius nomen incipere et acta illa concilii et Filastrii utrumque et codd Gaudentii et codicem Augustini optimum Vindobonensem 16 secutus sum: qui codex cum in utraque epistola *Filastrius*, in opusculo de haeresibus praebeat *Filaster*, sua auctoritate hanc confirmat scripturam ideo, quia nonnumquam in eodem fere uersu *Epiphanii* nomen litteris ph scriptum

[1]) In reliquis codd quorum lectiones Carolus Schenkl commodauit benigne nulla discrepantia exstat nisi quod *briccianus* habet Montepessulanus 310 saec. IX *bricianus* Parisinus 1758 saec. XII.

exhibet eamque quam secutus sum scripturam commendat Filastrii ipsius qua utitur orthographia in uocabulis qualia sunt *apocryfa filosofus Frigia* alia.

Neque ubi natus sit Filastrius, traditum esse uidimus in ueterum scriptis. Si diuinari licebit coniecturamque periclitari de patria eius, ego libentissime crediderim eum Alexandrinum uel Aegyptium fuisse hac de causa, quod haec terra mathematicorum, quorum doctrinam respicere uidetur nomen Filastrii, fuit patria (conf Preller mytholog. Rom. (1883) II p. 420), quod Philastrium illum qui nomen suum inscripsit in sepulcris Thebanis ea de causa in illa terra uixisse probabile est, quia bis potuit loca illa uisere, deinde quia longe plurimos eorum qui nomina sua aut illic aut in Memnonis statua adscripserunt in ipsa terra Aegypti uixisse inscriptiones ipsae testantur, denique quia titulum suum *philosophi* quem addidit inprimis in patria honoratum fuisse consentaneum est sicuti CIG III 4785 scripserunt Αἴλιος Διονύσιος καὶ Λάμπων φιλόσοφος εἴδομεν, add. 4742 b Ἀπίων Πλειστονίκου ἤκουσα τρίς, 4748 nomen inuenitur Ἀρείου Ὁμηρικοῦ ποιητοῦ ἐκ Μουσείου ἀκούσαντος. Quae coniectura inde potissimum poterit commendari quod nomen Filastrii est omnino rarissimum. De Graecis autem episcopus passim ita loquitur ut eum Graecum non fuisse facile agnoscas (conf cap. 121, 8): Romanum aut Latinum aut Italum eum natum non esse inde colligas quod etiam de his nationibus loquitur ut de gentibus a semet ipso alienis cap. 121, 7. 111, 5.

Liber quo anno editus sit

Atque librum Filastrii post annum 365 scriptum esse manifestum est capite eius 106 quo eos irridet qui consummationem saeculi hoc anno fieri arbitrati sint: tacet de translatione V. T. ab Hieronymo perfecta anno 391 (Rauschen l. s. p. 350) cum cap. 142 seqq. Septuaginta solos sequendos esse, reliquas omnes haereticorum esse translationes exponat uberrime. Recte denique I. A. Fabricius in adnotatione ad cap. 83 ubi de Donatistis agitur his uerbis: *qui et Parmeniani nunc appellantur a Parmeniano quodam qui eorum nuper successit erroribus atque falsitati* statuit haec scripta esse Parmeniano etiamtunc uiuo quem statuendum est obiisse anno fere 392. Etenim hoc anno Parmeniano Primianum apparet successisse (Augustin. contra epist. Parmen. III cap. 3, 18 contra litter. Petil. I cap. 12. 13) cum Primianum successorem damnatum esse constet concilio Carthaginiensi facto anno 393 (Mansi concil. collect. tom. III (Florent. 1759) p. 843 G. Rauschen Jahrbücher der christl. Kirche unter Theodosius Freiburg 1897 p. 388. 398). Scripsit autem Filastrius librum suum non ad gregem suum Brixiensem sed omni populo Romano, urbi uidelicet et orbi. Nec desunt in libro eius de haeresibus urbanitatis uel rerum urbanarum uestigia ueluti uocabulo *urbs* tantummodo Romam appellat aeternam. cum *ciuitates* aut *uillae* dicantur Hierusalem Alexandria Ephesus Pepuza, tum Donatianos in catalogo suo scriptor uoluit appellari *Montenses* (cap. 83), quo nomine *isti heretici in urbe Roma uocantur* teste Augustino de haeres. 69, commemorat denique cap. 24, 3 *genus aut Graccorum aut Aniciorum*, quod non commemorasset, si istorum generum qui erant Anicius Auchenius Bassus, *restitutor generis Aniciorum* qui appellatur CIL XIV 2917, praefectus urbis anno 382, et Furius Maecius Gracchus praefectus urbis anno 376. 377 Christiani non fuissent: qua de re certis testimoniis constat (conf Seeck Symmachi p. XCIII Paulyi et Wissowae encyclop. s. u. Anicius 30 Symmachi p. CXXX): nempe easdem gentes nobiles nominat Prudentius contra Symmach. I 558 seqq.:

non Paulinorum non Bassorum dubitauit
prompta fides dare se Christo stirpemque superbam
gentis patriciae uenturo attollere saeclo:
iam quid plebicolas percurram carmine Gracchos
iure potestatis fultos et in arce senatus
praecipuos simulacra deum iussisse reuelli . . .

Quo tempore librum suum scripserit Filastrius, iam ex his quos modo posui annorum numeris licet quodammodo diuinari, cum ante annum 379 Anicius ille honore magistratus non inclaruerit, anno 382 praefectus urbis fuerit: quare ad annum fere 383 delegamur uel annos hunc annum proxime sequentes. Scilicet scripsisse uidetur Filastrius primus inter Latinos librum suum contra haereticos eo tempore quo Theodosius imperator constitutionibus suis haereticorum contumaciam et turbas refregit inde ab anno 381 (Cod. Theodos. XVI 5, 6 seqq.) et quod imperator legibus, idem efficere primus omnium conatus est litteris Latinis episcopus. Qui cum opusculum suum incipiat uerbis *De hereseon diuersa pestilentia uariisque erroribus* modo legisse uidetur nimirum imperatoris edictum datum VIII Kal. Aug. 383 (Cod. Theodos. XVI 5, 11) quod incipit uerbis: *Omnes omnino quoscumque diuersarum haeresum error exagitat* e. q. s. Quare nos anno p. Chr. 383 uel 384 librum esse editum suspicamur: ad eundem annum aliis rationibus adductus deuenit Th. Zahn histor. canonis T. N. I (1890) p. 234. Scripsit autem Filastrius librum suum ut defensor catholicae fidei triumphantis et episcopus ecclesiae uictricis gaudio exultans: quod gaudium neque in praefatione operis celatur et cap. 153 conspicuum fit ubi de trinitatis unitate edocens haereticos inprimis Arianos cum acerrime insectatur (§ 5): *Unde*, inquit, *et in hac coniunctione sanctae adorandaeque trinitatis gaudemus . . . in quo et ecclesia catholica exultat hoc praedicans cottidie atque edocens eandemque hanc omnem impietatem paganam et iniquitatem Iudaicam destruens cottidie omni exultat in gaudio* (conf § 3). De aliis locis huius libri, quibus tempora indicantur certa, postea agetur ubi librum Filastrii saeculo V retractatum esse demonstrabimus (p. XV).

De libro Filastrii quo Augustinus usus est

Locupletissimus non solum huius scriptoris sed etiam libri eius de haeresibus testis est Augustinus, qui post libros de ciuitate dei editos (de haeres. 43) librum suum de haeresibus composuit anno fere 428. In quo componendo usus est Epiphanii et Filastrii opere capp. 1—57, Filastrium deinde solum excerpsit capp. 58—80, tum scriptoris adhibuit anonymi cuiusdam librum de haeresibus capp. 81. 82, denique Eusebii historiam cap. 83. Quae Filastrius posuit inde a cap. 128, non iam curauit ille neque in singulis uerbis auctoris sui adferendis id spectasse uidetur, ut ea quam accuratissime poneret transscripta: locos omnes in editione nostra testimoniorum numero adscripsimus. Quorum locorum qui maximi est ponderis non recte uidetur esse traditus: legitur enim cap. 41: *Filaster* (ita codd Vindobonensis et Bambergensis) *autem Brixanus* (ita Bambergensis: *brixanios* Carnutensis: *brixianus* Vindobonensis) *episcopus in prolixissimo libro quem de heresibus condidit et CXXVIII hereses arbitratus est computandas Sabellianos continuo post Noëtianos ponens: 'Sabellius, inquit, discipulus eius, qui similitudinem sui doctoris itidem secutus est: unde et Sabelliani postea sunt appellati, qui et Patripassiani et Praxiani a Praxea et Hermogene: qui fuerunt in Africa, qui et ista sentientes abiecti sunt ab ecclesia catholica.* Quibus in uerbis non tantopere miror quod multa omisit quae scripsit Filastrius cap. 54, quam quod pronomen *qui* quod recte deest in codd Filastrii posuit ante *similitudinem*. Adde quod quae de opere Filastrii ipsius rettulit, ea recte ita tradita esse minime potest credi. Sicuti enim illo loco epistolae ad Quoduultdeum (conf supra p. III) scripsit de totius operis duabus partibus, ita et hoc loco scriptum fuisse suspicabimur cum uerba *in prolixissimo libro quem de heresibus condidit et CXXVIII hereses arbitratus est computandas* ita sint contra grammaticae regulam repugnantia et inconcinna, ut aegre possint tolerari. Opus Augustinus de haeresibus cum imperfectum et inchoatum reliquerit, aut editores eius primi aut librarii hoc loco uidentur nonnulla aut omisisse aut parum accurate edidisse. Nam ita scribi quin uoluerit Augustinus equidem nullus dubito: *Filaster autem Brixanus episcopus in prolixissimo libro quem de heresibus condidit <in quo et ante domini passionem quae fuerunt XX et VIII enumerauit et post domini saluatoris passionem quae emerserint studiosissime conquisiuit> et CXXVIII hereses arbitratus est computandas* e. q. s. Sed siue haec quae modo proposuimus supplementa probabis siue improbabis id certe ex duobus illis Augustini testimoniis licebit efficere numeros capitulorum Filastrii quos et in hoc et in capite 45 libri sui commemorat Augustinus eodem ordine in codice Filastrii quo usus est fuisse adpositos quo factum est in codice Filastrii

Vindobonensi *B*. In quo sicuti in nostra hac editione inde a capite 29 redintegratur numerorum series ita ut caput istud sit primum partis operis alterius.

De editione libri facta anno 430

Attamen is liber qualem nos hodie legimus cum nomine Filastrii editum iterum editus est nomine auctoris omisso eo anno quo Augustinus est mortuus 430. Cuius rei testimonia exstant duo. Filast. cap. 106 haec leguntur: *Alia est heresis de anno adnuntiato ambigens, quod ait propheta Esaias: Adnuntiare annum dei acceptabilem et diem retributionis. Putant ergo quidam quod ex quo uenit dominus usque ad consummationem saeculi non plus non minus fieri annorum numerum nisi trecentorum sexaginta quinque usque ad Christi domini iterum de caelo diuinam praesentiam. Quod contrarium inuenitur si ita quis senserit. Nam quadringentos iam et plus annos transisse cognoscimus* <*et*> *ex quo uenit dominus fuisse completos.* Quo in loco quin *quadringentos* recte traditum sit in *B* non potest dubitari neque diuersitatem quandam debemus agnoscere in scriptura codicis *A* cuius librarius neglegenter ut adsolet posuit *quadragintos.* Neque eos audiendos esse duco qui inde a I. A. Fabricio numerum in archetypo corruptum fuisse statuerint. Nam permulti numeri in Filastrii libro sunt traditi quorum ne unum quidem non recte transscriptum esse in nostris codd poterit probari. Accedit quod in cap. 112, 2 legimus: *et inde a domino usque nunc anni quadringenti triginta plus minus* neque opinor quisquam arbitrabitur duos locos istos quorum uterque ad tempus editoris spectat miro quodam casu fuisse librarii neglegentia deprauatos sed de industria et consilio apparet eos ab editore fuisse mutatos quo magis librum legentium usui accommodaret.

De titulo operis

Neque tamen is editor sub nomine Filastrii hunc librum ita edere potuisse putandus est neque id reapse fecit. Nam codicis A titulus INCIPIT LIBER FILASTRI — EPISCOPI DE HERESIBVS hac de causa paruae et auctoritatis, quod caret is codex principio (capp. 1—28) neque consentit titulus cum eo quem cod B exhibet. Codex B autem huius libri peculiarem titulum non habet sed in fol. 1r indicem totius praemittit codicis, hoc modo: IN HOC CORPORE CONTINENTVR — ID EST FILASTRI EPISCOPI BRIXANAE CIVITATIS — DE OMNIBVS HERESIBVS SANCTI AMBROSII DE — IOSEPH EIVSDEM DE BENEDICTIONIB: PATRIARCHARVM. Vnde apparet titulum *hunc de omnibus heresibus* ex Augustini quodam libro, id est ex epistolae illius ad Quoduultdeum principio: *postulasti ut* de omnibus heresibus . . . *scriberem* (Oehler Corp. haeresiol. I p. 189), illum ex libri de haeresibus ipsius cap. 41: *Filaster autem Brixanus episcopus in prolixissimo libro quem* de heresibus *condidit* a librariis huic libro additum esse. Praeterea ex uerbis indicis codicis B supra adlatis: *In hoc corpore continentur id est Filastri episcopi Brixanae ciuitatis de omnibus heresibus* uerba *id est* alia ratione non poterunt explicari nisi id quod ea sequitur nomen statuemus fuisse explicationem nominis alicuius antecedentis quod librarius perperam omisit. Atque in cod Augustini Vindobonensi cum illo loco epistolae ad Quoduultdeum (uide supra p. III) supra *filastrius* nomen scripta sit *er* uaria lectio, hinc suspicor in archetypo cod B scriptum fuisse *Filastrii* superscriptis uerbis *id est Filastri e. B. c.* quam glossam ut solet fieri solam descripsit librarius cod B, omissa uetere lectione genuina quae fuerit necesse est *Filastrii.* Itaque qui archetypum recensionis cod B seruatae constituit, in titulo operis constituendo nisus est loco epistulae Augustini: quare auctorem nominarat *Filastrium,* librum *de omnibus heresibus*, et XXVIII haereses ante domini passionem quae fuerint seruauit: at codicem A qui titulo ornauit, loco illo corrupto libri de haeresibus usus *Filastrum* auctorem, librum appellat *de heresibus* et omittit XXVIII illas haereses quia in libro de haeresibus Augustini l. s. non agnoscuntur. Ex hac diuersa titulorum forma ex Augustini scriptis petita statuere licet caruisse quondam librum Filastrii cuius nomen saeculo V minime clarum fuerit auctoris nomine sicuti Augustinus de haeres. 81 hoc tradit: *apud quendam tamen cuius nomen in eodem eius opusculo non inueni, in hereticis Luciferianos positos legi per haec uerba* e. q. s. feruntur que in codd anonymi istiusmodi libelli complures ueluti Praedestinati qui dicitur (Oehler Corp. haeresiol. I p. 233 *seqq.*) et Tertulliani haereseon catalogi (Oehler l. s. p. 271 *seqq.*). Quam ratiocinationem confirmat cod A subscriptio fol. 69 u quae legitur: EXPLICIT DIVERSARVM HERESEORVM LIBER. quae subscriptio cum aliis de causis tum ideo magni erit facienda, quod proprie pertinet ad hunc librum nec coniuncta est cum titulo eius quod insequebatur operis sicuti factum est in cod B. Quo in libro haec exstat subscriptio fol. 81 u: EXPŁT FILASTRI EPĪ — BRIXIANI DE OMNIBVS — HERESIBVS — INCIPT BEATI — AMBROSII — EPĪ MEDIOLA — NENSIS DE IOSEPH — quae non pluris aestimanda certe est quam eiusdem libri index de quo supra rettulimus: discrepat denique ista subscriptio in forma *Brixiae* oppidi, quod in indice illo dicitur *Brixa.*

Itaque anno 430 quo anno Romae concilio conuocato a Caelestino papa Nestorii haeresis noua damnata est, iterum editus est Filastrii liber nomine scriptoris subtracto cum eo titulo quem nobis codicis A subscriptio seruauit DIVERSARVM HERESEON LIBER: quem titulum in exitu libri positum egregie uides concinere cum libri exordio hoc: *De hereseon diuersa pestilentia uariisque erroribus* e. q. s. Paucis annis post editum librum Praedestinatus qui dicitur suum conscripsit haereseon catalogum quem uidemus Augustini librum de haeresibus pro Filastrii opere uenditare lectoribus: nam is ut erat impostor fraudulentus ter Augustini uerba adtulit tamquam sint Filastrii (l. s. s. capp. 52. 57. 72 p. 253. 254. 260 *edit. Oehleri*). Quem librum primus edidit I. Sirmondus Parisiis 1643, iterum ibidem editus est 1645 adiecta Auraei censura qui de libri indole recte iudicauit (conf censurae p. 25 seqq.): quare non curo indicem libro praepositum his uerbis: *incipit epitoma ecdiceseos Ygini contra heresiarches et categoriarum Epiphanii contra sectas et expositionum Filastri qui hos transferens in Latinum sermonem de Greco cum Arriani damnarentur edidit* (Oehler corp. haeres. I p. 233 Reifferscheid Biblioth. P. Lat. Ital. II p. 423 P. L.

Laude Catalogue des manuscrits de la bibliothèque publique de Bruges Bruges 1859 no. 158 p. 145). Neque tamen difficile erat homini perspicaci et Augustini et Filastrii opusculum discernere et suo reddere auctori. Quod iam Magnus Gregorius papa fecit qui anno 596 haec scripsit: (ed. P. Ewald L. Hartmann M. G. H. epistol. tom. I Berol. 1891 p. 448, 20) . . . '*Eudoxium quendam uos damnasse repperimus cuius nomen in Latina lingua neque in synodis neque in libris beatae memoriae episcoporum Epifanii Augustini et Filastri quos contra hereticos praecipue disputasse nouimus positum repperimus.*' Idem libri Filastrii, quem *de heresibus* appellat catalogi Augustini auctoritate fretus, exscripsit cap. 125 (l. s. s. p. 458, 29) anno 597, quem locum adnotauimus in editione: consentit cum nostris libris nisi quod hi caput incipiunt uerbis *Alii sunt heretici*, ille *Alii* omisit. In archetypo igitur codd nostrorum siue Gregorii auctoritate fretus siue Augustini libro usus facile quiuis uel mediocriter doctus librarius librum anonymum suo poterat patri uindicare. Itaque cum anno 428 Augustinus librum Filastrii praesto haberet in Africa, anno 430 in Italia ni fallor idem liber omisso nomine auctoris iterum editus est: retractatus num fuerit etiam aliis praeter duos illos quos demonstraui locis, non iam potuit indagari. Anno denique 597 Gregorius Magnus pontifex maximus Romae eodem usus est libro nomine denuo auctoris sui ornato. Et codicis alicuius Romani notitia etiamnunc ad nos peruenit.

De codicibus manu scriptis

Fragmentum Cheltenhamense C

1) Paulus Galeardus in libro *Veterum Brixiae episcoporum S. Philastrii et S. Gaudentii opera nec non B. Ramperti et Ven. Adelmanni opuscula . . . prodeunt iussu . . . Angeli Mariae . . . Cardinalis Quirini . . . Brixiae 1738* p. 182, 1 ad cap. 148, 7. 8 haec adnotauit (Oehler l. s. s. p. 166, 1 v): Cum capax Legis diuinae, coelestisque esset, et suo studio) In Corbejen. MS. non habetur copula *et* . . . deinde pro *Dei mysterio* legitur *Christi mysterio* quod melius . . . insigne profecto est σφάλμα quod exhibent editiones, ubi *praecepta quippe et circumcisionis conueniens ratio*, Corbeien. autem recte

praeputii quippe et circumcisionis conueniens ratio e. q. s. *Hanc porro utramque lectionem commendat etiam membrana nongentorum annorum assuta Codici Bibliothecae S. Crucis in Ierusalem Romae signato n. 279. cuius notitiam litteris ad Em̃um Cardinalem Quirinum datis sub die 21. Septembris 1737. humaniter nobiscum communicauit Vir eruditissimus Iosephus Blanchinus* e. q. s. Hunc codicem ut agnoscere nunc possim Henrici Schenkl effecit iter Britanicum de quo rettulit in Bibliotheca patrum Latinorum Britanica I, 2 Die Phillips'sche Bibliothek in Cheltenham Wien 1892 p. 115. Est nunc codex Cheltenhamensis 12263, litteris Langobardicis saeculo VIII ut recte statuit Galeardus scriptus, longus 0,35 m, latus 0,24 m teste Pio Knoell qui codicem descripsit in Eugippii editione Vindob. 1885 p. XVIIII seqq. 'Inscriptio in fronte libri posita originem indicat; *Ex Abb. s. Stephani de Noua Fossa.*' Liber est foliorum 369, paginis bipertitis, ita ut constet paginis 738: continet p. 1—736 Eugippii excerpta ex Augustino: p. 736 col. 2 legitur: *hic loquitur de melchisedec*, sequitur Filastrii cap. 148 totum quo repletur p. 737 col. 1 et 2 fere tota, ultima est narratio de inuentione crucis. Neque dubium est quin sit fragmentum istud idem atque membrana illa assuta codici de qua rettulit Galeardus quae continebat Filastrii caput 148. Codicem ipse ego non tetigi: delineationem totius fragmenti satis ut uidetur accurate factam transmisit T. Fitzroy-Jenwick bybliothecae dominus mense Maio 1897. Scriptum esse fragmentum non ab eodem librario quo Eugippii opus auctor est Henricus Schenkl. Versus habet columna uel pagina 33 breuissimos, sunt enim litterarum fere 25. Easdem lectiones fragmentum Britanicum praebere quas Galeardus l. s. memorat non est quod moneam neque tamen meliora praebet quam duo reliqui codices, sed hic illic deteriora. In uerborum autem collocatione criticum sequi debere cod A iam primo istius perlecto capitis uersu quod in fragmento C seruatum est solum apparet: quo loco cum *A* habeat et *C*: *heretici legentes*, *B* et *Sichardus: legentes heretici*, § 3 *A* recte habeat: *ac capacem*, *C: ad capacem*, B: *ac pacem*, *Sichardus*: *ad pa-*

nem, ad cod *A* familiam cod *C* pertinere manifestum est. Maioris momenti est quod fata huius codicis hoc Galeardi testimonio allato accurate poterunt iam enarrari. Nam Cistercienses monachos monasterii de Noua Fossa quod situm est prope Tarracinam tradidisse apparet codicem Cisterciensibus monasterii basilicae Sessorianae Sanctae Crucis in Hierusalem qui eum magni fecisse uidentur propter narrationem de inuentione crucis quae teste Henrico Schenkl l. s. s. in ultimo folio exstat conscripta: inde in illam codex cuius nunc est delatus est bybliothecam Britanicam. Quodsi Pius Knoell l. s. s. recte statuit codicem descriptum esse e codice Vaticano saec. VII nos non dubitabimus quin Filastrii caput descriptum sit ex codice aliquo Romano siue eodem siue illius simili quem exeunte saec. VI usurpauit Gregorius Magnus. Columnarum trium duo confinia notauimus tribus hastis hoc modo: |||, codicem qui solum caput 148 seruauit littera *C*.

Neque enim permulta exemplaria libri Filastrii post annum 500 etiamtunc exarata esse credibile est. Detraxit opinor auctoritati scriptoris, qui multa doceret dissonantia ab ecclesiae doctrina et quem caute legendum esse multis locis adnotarunt interpretes huius aeui, inprimis quod cap. 107 consummationem saeculi fieri illo anno docuerat Hippolytum secutus, deinde quod Augustini aliorum indices multo aderant utiliores nec commendabat eum Augustini iudicium in epistola ad Quoduultdeum illa prolatum, qui Epiphanium multo doctius Filastrio de ea re disseruisse bis testatus sit (Oehler Corp. haeresiol. I p. 189). Neque etiamnunc Filastrii multa exstant exemplaria neque unum exstat exemplar, quod integrum contineat scriptorem. Sed casu euenit felicissimo ut ex eis quae exstant exemplaribus totum reconcinnare possimus scriptorem, editionem illam dico quam anno 430 factam esse supra statuimus.

Codex Corbeiensis A 2) Atque saec. IX exstabat in Gallia codex Filastrii peruetustus aut integer aut in capite mutilus detractis capp. 1—28 quae continent haereses XXVIII quae fuere ante Christi passionem. Eum codicem satis neglegenter descripsit monachus quidam cuius apographon factum saec. IX postea conseruatum est in Corbeiae antiquae incluto monasterio S. Petri in Gallia sito. Catalogus librorum huius monasterii saec. XII conscriptus apud G. Beckerum Catalogi bibliothecarum antiqui Bonnae 1885 n. 79 p. 188, 147 indicat huius codicis partem primam hoc titulo *Filoaster de heresibus,* rectius catalogus plenior anno fere 1200 scriptus l. s. n. 136 p. 283, 240 totum codicem his uerbis: *Filaster de heresibus. Tertullianus de cibis Iudaicis. epistola Barnabc. epistola Iacobi.* Hic codex e monasterio Corbeiensi delatus est in bybliothecam S. Germani a pratis Parisios: qua de re auctor est Galeardus l. s. s. p. XXVII qui eum numero 625 refert fuisse signatum. Postea inter tumultus et incendia exeunte saec. XVIII Parisiis quae facta sunt cum aliis monasterii Sangermanensis thesauris in bybliothecam Petri Dubrowsky est conlatus cuius bybliotheca postea pars facta est bybliothecae imperatoriae Petropolitanae; conf quae de fatis istorum codicum enarrarunt E. de Muralt Bulletin de la classe historico-philologique de l'academie de St. Pétersbourg V 1848 p. 3 R. Gillert Neues Archiv der Gesellschaft für ältere deutsche Geschichtskunde V 1880 p. 243 seqq. L. Delisle le cabinet des manuscrits tom. II p. 52. Ex hoc codice epistolae Barnabae uersio Latina primum innotuit editione Hugonis Menardi Parisina a. 1645: conf Barnabae epistola ed. A. Hilgenfeld Lipsiae 1877 p. VII. VIII. Hodie exstat in duas partes diuisus in imperatoris bybliotheca Petropolitana. Priorem partem id est Filastrii librum de heresibus continet huius bybliothecae codex auct. Lat. I Q. v. 38 longus m. 0,235, latus 0,19 foliorum 1—69. Pars posterior foliorum 70—93 inclusa est in eiusdem bybliothecae cod auct. Lat. I Q. v. 39 qui est eiusdem formae et tria illa ordine posteriora continet scripta: quem descripserunt epistulae Barnabae editores ueluti Hilgenfeld l. s. p. XIII. XIV. Vetus igitur codex Corbeiensis litteris Karolingiis saec. IX scriptus ab uno librario erat foliorum 93, quaterniones inde a principio codicis usque ad fol. 48 u. numerantur deinceps sex in uniuscuiusque exitu litteris appositis A—F, sequitur ternio unus fol. 49 r—54 u eodem loco littera G signatus, deinde secuntur quaterniones quattuor H—L fol. 55—86 u: restat quaternio unus mancus septem foliorum 87—93. Fol. 1—69 u igitur continent Filastrium, fol. 70—77 quibus nouus codex hodie incipit Tertulliani qui falso dicitur librum de cibis Iudaicis, fol. 77—89 epistolam Barnabae, fol. 89—93 epistolam Iacobi. Fol. 93 u. scriptum est: *Amen dico uobis si quid petieritis patrem in nomine meo dabit uobis.* Tegumenti codicis Filastrii pars interior uariis adnotationibus conscribillata est: in media eius pagina quae est exaduersus fol. 1 r exstat hic index codicis manu recentissima scriptus: *Hic continentur: Tractatus Filastri Episcopi — de haeresibus — Tertulliani de cibis Iudaicis uel — potius alienis Episcopi — Epistola sub nomine Barnabae Apostoli — Epistola canonica beati Iacobi — non conformis editioni uulgatae*, infra sequitur iterum idem index manu saec. XII ut uidetur scriptus: *filaster eps de heresibus — Tertullianus de cibis Iudaicis — epla barnabe apli — epla canonica Iacobi secundum alteram translationem.* In fol. 1 r margine superiore legitur manu recentissima scriptum *Corbeiensis Monasterii*, conspicitur infra haec uerba rasura numeri alicuius ni fallor, in margine inferiore numerus *625*, quo numero anno 1733 codicem notatum fuisse in monasterio S. Germani refert Galeardus l. s. p. XXVII, ad dexteram appositum est signum *N 717*, quod signum in catalogo eiusdem bybliothecae anno fere 1740 composito huic codici adscriptum fuisse constat (Hilgenfeld l. s. s. p. XIII). Infra numerum 625 legitur *Ex museo Petri Dubrowsky.* Primus ad Filastrii emendationem hoc libro usus est Paulus Galeardus qui de eo rettulit in edit. s. s. p. XXVII seqq.: cui contulerat librum Parisiis Ioannes Raverdy monachus Benedictinus e congregatione S. Mauri anno 1737 ineunte (conf Galeardi edit. p. 152 seqq.). Ego hunc codicem Petropoli contuli magno cum emolumento huius editionis hieme anni 1886. Codex totus ab eodem librario scriptus est, qui homo fuit neglegens parumque doctus: saepe uersus singulos archetypi neglexit, nonnumquam singulas paginas: sed nusquam caput aliquod omisit uel paragraphon quia displicebat scriptoris opinio nec ullo loco ea quae in archetypo suo inuenit uoluit emendare coniecturis suis aut augere commentis. Correctus est hic illic ab homine librarii aequali. Continet hic codex solus capp. 107. 115. 117. 140. 151. 154, omittit capp. 1—28, nam incipit inde a cap. 29: quae capita propter illam quam modo exposui librarii indolem iam in archetypo omissa fuisse uerisimilius est quam illum librarium ea noluisse describere et cap. 29, 1 suo Marte in uerbis *Post passionem autem Christi* sustulisse *autem* coniunctionem. Itaque cap. 29 hic est cap. I: singuli deinceps numeri usque ad exitum libri appositi sunt multis perturbationibus factis neglegentia librarii. In exitu libri legi EXPLICIT DIVERSARVM HERESEORV̄ LIB̄ (fol. 69 u) supra monuimus p. XVII: fol. 1 r legitur uersu 1 litteris rubro colore exaratis: INCIPIT LIBER FILASTRI, uersu 2 minoribus litteris atramento conscriptis: EPISCOPI DE HERESIBVS, uersu 3 litteris iterum grandibus rubro colore ornatis: POST PASSIONEM XPĪ DNĪ NRĪ: P littera uocabuli post exornata est magnifice. Versus habet in unaquaque pagina 21, paginarum confinia indicari uoluimus hastis ‖ interpositis duabus, signatus est nobis sicuti Oehlero codex littera *A*.

Neque tamen fieri potuit quin doctus aliquis aut clericus aut abbas monasterii cuiusdam, cum intellegeret multa in isto libro inueniri, quae cum sui temporis doctrina pugnarent, remotis eiusmodi quibus offendebatur partibus edere librum Filastrii studuerit castigatum. Veluti saec. VI VII VIII quicumque legebat cap. 107 ualde errasse scriptorem facile potuit statuere qui anno p. Ch. 500 consummationem saeculi futuram esse anno fere 383 uaticinatus sit. Itaque illis temporibus siue in Italia siue in Gallia clericus aliquis Filastrium curauit describendum seruatis capp. 1—28 sed omissis nonnullis haeresibus quae parum recte auctor posuisse uideretur capp. 107. 115. 117. 140. 151. 154: libro Filastrii addidit S. Ambrosii tractatum de Ioseph et eiusdem tractatum de benedictionibus patriarcharum. Hoc exemplar pluribus quam modo quae tractata est Filastrii editio propagatum est apographis, quorum unum etiamnunc exstat

Codex Vindobonensis B 3) Codex Vindobonensis bybliothecae imperatoris 1080 saec. IX litteris Karolingiis scriptus longus 0,25 m. latus 0,15 m. foliorum 134 qui quondam fuit Salisburgensis 219 (Tabulae codicum manuscriptorum ed. Academia Caesarea Vindob. uol. I Vindob. 1864 p. 191). Incipit quinionibus duobus fol. 1—20 (I. II), sequitur quaternio fol. 21—28 (III), tum binio cui unum deest folium fol. 29—31 (III), secuntur quiniones quinque fol. 32—81 (IIII — — VII VIII), senio unus fol. 82—92, cui unum deest folium (—), quiniones tres fol. 93—122 (X. XI. —), quaternio unus fol. 123—130 (XIII), binio unus fol. 131—134 (—). Quinionum reliquorumque fasciculorum numeros quos cancellis saeptos modo apposui leguntur in uniuscuiusque fasciculi exitu: ubi desiderantur, nota — indicaui. Fol. 1 r: haec leguntur: IN HOC CORPORE CONTINENTVR — ID EST FILASTRI EPI BRIXANAE CIVITATIS — DE OMNIBVS HERESIBVS SCI AMBROSII DE — IOSEPH EIVSDEM DE BENEDICTIONIB; PATRIARCHARVM. Incipit Filastrius fol. 1 u, quinio I (fol. 1 u—10 u) continet hereses quae ante Christi passionem fuere nulla praescriptione tituli praeposita: fol. 11 r primi uersus duo uacui sunt relicti, sequitur *Post passionem autem* quibus uerbis nouam codicis partem nouo in quinione inchoari indicat litterae P altitudo et crassitudo. Continet Filastrium omissis illis quae supra posui capitulis sex 107. 115. 117. 140. 151. 154, explicit folio 81 u fasciculi VIII ultimo, ubi haec leguntur: EXPŁT FILASTRI EPI — BRIXIANI DE OMNIBVS — HERESIBVS litteris rubris quae scripta sunt: tum singuli uersus atramento et rubro colore conscripti alternantes hi inueniuntur: INCIPT BEATI — AMBROSII EPI MEDIOLA—NENSIS DE IOSEPH. Qui liber deducitur usque ad fol. 111 u ubi leguntur rubro colore scripta uerba: EXPLT SCI AMBROSII — DE IOSEPH, tum fol. 112 r atramento scriptum hoc reperitur: INCPT EIVSDM — tum rubro colore scriptum est: DE BENEDICTB PATRIARCAR. In exitu huius libri Ambrosiani et totius codicis nihil legitur fol. 133 r nisi uocabulum EXPLICIT: fol. 133 u uacuum. Fol. 134 r medio haec lepidissima epistola exstat saec. X scripta: *manda mihi meum librum — et manda librum tractatus — ambrosii super euangelium Lucae — similiter et librum tractatus — Ieronimi super euangelium Mathei — exposicio Ambrosii in Luca — et exposicio Ieronimi in Matheo — ambo isti libri in uno sunt loco — iuxta parietem muri quae respicit — ad orientem* |||||| *ubi et ceteri — commentarii euangeliorum sunt — congregati. loquere cum domino — starchonte ille poterit — uenire et monstrare.* Fol. 134 u uacuum est. Is praepositus quem *starchontem* nominari uidemus fuisse uidetur Starchantus siue Starchandus praepositus Salisburgensis quem obiisse anno 1028 referunt annales Salisburgenses M. G. SS. I p. 90 IX 757: neque enim de celeberrimo episcopo Eichstettensi quo de conf W. Wattenbach Deutschlands Geschichtsquellen im Mittelalter I (1893) p. 406 erit cogitandum.[1]) Quae epistula igitur scripta est anno fere 1000 Starchando uiuo a fratre Salisburgensi peregre commorante qui codicem hunc monasterio suo remiserit. Codex antea ignotus fuit: nam etiamsi sicuti exposui et in libro ipso nomen Filastri et in operculo manu saec. XV legatur: *liber filiastri episcopi id est quae hic interius circa principium sunt descripta*, tamen errore miro accidit, ut in tabulis catalogi l. s. s. liber dicatur *Philandri* et saec. XII assignetur. Cum iussu Caroli[2]) patris anno 1896 Henricus Schenkl codicem examinaret propter Ambrosii scripta, cognouit errorem et benigne me de hac re fecit certiorem. Codex ab eodem librario exaratus est totus: uersus habet in una quaque pagina 24 breuissimos, qui constant nonnumquam ueluti initio cap. 106 litteris minus triginta. Numeros singulis addidit librarius capitibus inde a I usque ad XXVIII, inde a cap. 29 redintegratur ordo ut sit id caput primum alterius partis neque errauit librarius in numero qui capiti ultimo (156) numerum apposuerit CXXII. Quibus adde VI illa capita quae solus Corbeiensis seruauit et XXVIII capita haereses

[1]) De forma nominis uide quae congessit W. Foerstemann Altdeutsches Namenbuch p. 1121.

[2]) Conf. Ambros. ed. C. Schenkl uol. II praef. p. XXV. XXVI.

ante Christum continentia et fient summa subducta capita illa CLVI quae Augustinus agnoscit. Librarius fuit et doctus et diligens, quare nihil fere omisit eorum quae in archetypo suo inuenerit: sed sciolus nonnulla addidit et mutauit intempestiue: raro correctus est codex ab homine librarii aequali. Paginarum confinia hasta notauimus hoc modo: |, codex ipse erit in nostra editione *B* littera signatus.

Codices deperditi Aliud eiusdem archetypi unde deductus est liber Vindobonensis apographon saec. XII fuit in eodem illo monasterio S. Petri Corbeiae antiquae: cuius testis est catalogus anno fere 1200 confectus apud G. Beckerum catalog. biblioth. antiq. n. 136 p. 283, 258. Quod apographon fuit in codice una cum multis aliis operibus conditum quae index l. s. enumerat his uerbis: *gesta abbatum Corbeiensium. Donati editio. uita Brictii Romani. Filaster de heresibus. Ambrosius de Ioseph. uita sancti Eligii et Maximini.* Eiusdem prosapiae hunc librum Corbeiensem fuisse atque Vindobonensem inde apparet quod Filastrii opus in utroque codice cum eodem Ambrosii tractatu arte coniunctum est. Possumus suspicari eum qui catalogum bybliothecae Corbeiensis confecit neglegentia omisisse alterum illum tractatum Ambrosii et cum constet, litteras Salisburgenses auctore Arnone episcopo saec. VIII et IX artissime cum Corbeiensis monasterii studiis fuisse coniunctas, aut ex eodem utrumque librum archetypo deductum esse aut Salisburgensem ex illo Corbeiensi esse descriptum: sed cum liber ille Corbeiensis perierit neque negari possit etiam inter Salisburgensis ecclesiae et Italiae septentrionalis clericos commercium litterarum intercessisse, certa quidem ratione ista quaestio solui non iam poterit: uide quae de his rebus exposuit K. Foltz Geschichte der Salzburger Bibliotheken Wien 1877 p. 8. 18. 19. Tamen illud multo probabilius esse inde manifestum est, quod Brixiae saeculo IX nullum fuisse codicem Filastrii supra p. VIII statuimus. Vitam S. Maximini in codice Corbeiensi illo una cum Filastrii libro inclusam fuisse cum doceat catalogus, casu non factum esse suspicor quod in celeberrimo Sancti Maximini monasterio, prope Treueros urbem quod erat, tertium eiusdem recensionis exemplar extitisse testatur index catalogi saec. XI uel XII apud G. Beckerum catalog. biblioth. antiq. n. 76 p. 181, 149: *liber Filiastri episcopi de omnibus heresibus in quo Ambrosius de Ioseph et de benedictionibus † prophetarum et expositio psalmorum a 'beatus uir qui timet dominum' usque 'beati immaculati' in uno uolumine.* Et ex titulo Filastrii operis et ex libris cum eo coniunctis facile agnoscitur librorum Corbeiensis alterius et Vindobonensis familia: suspicetur facile quiuis monachos Corbeienses fratribus monachis S. Maximini Treuerensibus commodasse una cum uita S. Maximini Filastrii istos et Ambrosii libros. Praeter horum librorum nullius codicis qui Filastrium continuerit ad nos quidem peruenit notitia.

Sicuti Filastrii liber primum editus est eo tempore quo Arianorum haeresi perturbabatur ecclesiae pax catholicae, deinde retractatus est et iterum editus cum Nestorii doctrinis angebantur fidei catholicae defensores, ita tertium editus est episcopi liber Brixiensis impressus typothetarum nouis machinis inter turbas et tumultus ecclesiae in Germania coortos saec. XVI ineunte hoc titulo ornatus: *Philastrii episcopi Brixiensis haereseωn catalogus. Cui adiectus est eruditissimus libellus Lanfranci episcopi Canthuariensis de Sacramento Eucharistiae aduersus Berengarium. Nunc recens editi. Cum gratia et priuilegio*: quem edidit Basileae XXVI. Nouemb. anno 1528 Ioannes Sichardus. Qui in libri praefatione ad Bal- *Io. Sichardi editio* thasarem apud Caesaream maiestatem Vicecancellarium de nouarum rerum studio et de saeculi licentia cum conquestus sit (fol. 2u), *Cuius rei*, inquit, *cum me uehementer pigeret, interim tamen ad summam desperationem nihilominus omnia uergerent, ueterum scriptis dolorem ulciscor. Et sic dum alia atque alia, ita ut temporis ratio admonet, cotidie edo, commodum nactus sum beneficio humanissimi uiri atque afflictorum studiorum maximi patroni, Mathiae a Saraecastro Officialis Treuerensis, Lanfrancum Episcopum Canthuariensem aduersus Berengarium . . . (fol. 3u) Caeterum quod ad Philastrium attinet Brixiensem Episcopum . . . (fol. 4r) Hunc nos libellum recens iam et erutum a situ et editum tuo nomini inscripsimus . . . quod ut faceremus non uulgaris tua effecit eruditio et Mathias noster a Saraecastro, uir optimus, qui tam prolixe superiore anno, cum Treuerim uisendarum ueterum bibliothecarum gratia uenissem, uirtutes tuas denarrabat . . .* Itaque Treueros anno 1527 uenerat Sichardus eo itinere de quo egit nuper L. Gurlitt in Fleckeiseni annalium supplem. XXII 1896 p. 548 ubi codice illo S. Maximini quo de modo egimus p. XXVII eum usum esse admodum opinor probabile esse omnes concedent. Is codex periisse uidetur mansitque Sichardi editio per duo saecula solum Filastrii fundamentum criticum, dum Corbeiensis liber cognitus sit, in haeresibus autem capp. 1—28 eisque partibus operis quibus mancum est exemplar Corbeiense usque ad hanc editionem Vindobonensis codicis auxilio emendatam solus fuit auctor Sichardus. Sed codex ille, quo usus est Sichardus pessime erat corruptus, capitulorum initiis friuole mutatis, sermone scriptoris per libidinem uocabulis Tullianis et Augustini locutionibus adulterato. Veluti fol. 4 r praefationis editor testatur fuisse in suo cod *C. Bassus* cap. 43, ubi *colorbasus* recte praebet *A*, *color bassus B*: quam scripturam codicis esse apparet foede interpolati saec. XII uel XIII non antiquioris, qui archetypi unde *B* deductus est menda usque propagaret et augeret. Omittit Sichardus eadem illa sex capita quae ne Vindobonensis quidem exhibet in Corbeiensi solo seruata, multis locis cum Vindobonensi congruit neque tamen ex eo descriptus est. Nam cap. 127, 6 habent et Corbeiensis et Sichardi editio: *et cum patre uera proprietas*, Vindobonensis: *et cum patre proprietas*, qui locus euincit Sichardi codicem non fuisse Vindobonensis apographon. Accedunt alii: cap. 45, 5: Pauli apostoli *A* et *Sichardus*, apostoli Pauli *B*. 47, 3 qui fecit eum *B*, qui fecit illum *A* et *Sichardus*. 84, 5 dedi uobis *B*, de uobis *A* et *Sichardus*. 84, 6 mendacio *B* mendatium *A* mendacium *Sichardus*. 92, 7 aestimabant *B*, aestimant *A* et *Sichardus*. 94, 2 Dauid autem *A* et *Sichardus* Dauid enim *B*. 110, 10 doctrineque caelesti *A*, doctrinae coelesti *Sichardus*, doctrinaeq: caelestis *B*. 121, 6 Cui cum *A* cui *B* cū *Sichardus*. 128, 3 enim ei *A* et *Sichardus*, ei *om B* quod in apparatu critico addendum est. 129, 4 uir *A* et *Sichardus*, *om B*. 130, 5 conburebantur a gentilibus *B* comburebantur agentibus *A* et *Sichardus*. 131, 3 et cuiusque *A* ut cuiusque *Sichardus* ut cuiuscumq: *B*. 133, 3 edocet *A Sichardus*, &docet *B*. 136, 3 pereas. Ideo lex *A* et *Sichardus*, pereas. Ideoque lex *B*. 149, 8 et in libro tuo *A* et *Sichardus*, in libro tuo *B*. 156, 1 hic de cherubin *A* et *Sichardus*, cerubin *B*. Tamen etiamsi constet codicem Sichardi non ex Vindobonensi esse deductum sed ex Vindobonensis gemello, tamen ille codex ita corruptus fuit et deprauatus ut editionis principis lectionum uarietates noluerim recipere omnes sed eas tantummodo quae alicuius pretii essent: quas apposui addito nomine *Sichardus*, ideo quia multas quae in eius editione inueniuntur lectiones non codicis esse scripturas sed editoris commenta est manifestum. Quod me ita fecisse uituperabit scilicet qui Sichardi editionem non accurate cognouerit neque considerauerit quanta ineptissimarum farragine lectionum hanc editionem oneraturus fuerim, si ita non fecissem. Cuius editionis scripturae et ex Oehleri et ex Fabricii editionibus facile poterunt cognosci: ego usus sum editionis exemplaribus quae exstant in bybliothecis Berolinensi et Vratislauiensi.

I. A. Fabricii editio

Duobus saeculis post Sichardum editus est *S. Philastrii episcopi Brixiensis de haeresibus liber cum emendationibus et notis Io. Alberti Fabricii Hamburgi 1721.* Qui in praefatione fol. 3 u '*Spem*,' inquit, '*mihi aliquando manu exarati exemplaris ex Italia obtinendi fecit illustris uir Gisbertus Cuperus, sed interiecto tempore iterum monuit spem illam omnem euanuisse. Itaque solis editionibus, Basileensibus imprimis standum mihi fuit, quid tamen in recensendo hoc scriptore praestiterim libenter feram aequos et eruditos aestimare iudices,* Paulum *imprimis* Gagliardum, *Canonicum Brixiensem, quem Philastri et Gaudentii editionem moliri paullo serius ex Diario Veneto eruditorum Italiae didici.* Neque quisquam, opinor, non admirabitur uiri egregii doctrinam inmensam eruditionem singularem sagacitatem summa laude dignam neque quisquam plura in

Filastrii libro emendando et adnotando praestitit quam peritissimus ille litterarum et sacrarum et saecularium iudex et perscrutator. Pauli Galeardi illa editio quam summa modestia commemorat Fabricius duobus annis post mortem Fabricii emissa est hoc cum titulo: *Collectio ueterum patrum Brixianae ecclesiae. Veterum Brixiae episcoporum S. Philastrii et S. Gaudentii opera nec non B. Ramperti et Ven. Adelmanni opuscula ... prodeunt iussu ... Angeli Mariae Cardinalis Quirini Brixiae Episcopi et Apostolicae Sedis bibliothecarii Brixiae 1738.* Galeardus cum Filastrii editionem iam confecisset prioribus editionibus non meliorem (p. 1—146), Corbeiensis codicis uarias lectiones nactus est primus (conf supra p. XXII): in calce editionis suae addidit Fabricii notas postumas in Philastrium (p. 147—151), tum codicis Corbeiensis scripturae uarietatem et Filastrii capita illa noua sex (p. 152—170), quorum argumenta enarrauit p. XXIX seqq., denique specilegium ad adnotationes editionis Fabricii (p. 171—183). In ordinem iustum redacta sunt capita illa in *Andreae Gallandii Bibliotheca ueterum Patrum tom. VII Venet. 1770* p. 480 seqq. tum in *Mignii Patribus Latinis tom. XII Paris. 1845* p. 1050 seqq. ubi omnes et Fabricii et Galeardi praefationes adnotationes testimonia sunt iterata, denique in *Francisci Oehleri Corporis haeresiologici tom. I Berol. 1856* p. 3 seqq. Qui multa emendare aduersa Musa conatus est, nonnulla tamen feliciter emendauit: nihil uero magis mirandum est quam quod ille Corbeiensis optimi lectiones a Galeardo suppeditatas spreuit fere omnes prae ineptissimarum editionis principis lectionum farragine: denique in libro edendo non ea qua par erat usus est diligentia.

P. Galeardi editio

De arte critica in hoc libro exercenda

De huius editionis subsidiis cum iam rettulerim omnibus, reliquum est ut de arte critica in hoc scriptore exercenda breuiter disseram. Archetypum multis lacunis neglegentia librarii coortis hiasse facile intelleget qui singula deinceps capita accurate interpretatus erit. Eas lacunas stellulis*** indicari uolui lectori: quas ea munificentia necesse erat passim distribui, qua principes uti solent, ut facete illud dictum repetam Arminii Koechlyi. Veluti initia capp. 25. 26. 30. 50. 53 ea de causa modo in *A* modo in utroque codice manca esse apparet quod librarius archetypi alicuius parcus membranae, cum antecedentis capitis uersus extremus esset semiplenus, uersum primum noui capitis non in eiusdem capitis uersu altero sed in antecedentis uersus spatio uacuo illo uoluit continuare: uerba autem illa in antecedentis capitis exitum reiecta periere, cum non descripserit librarius noui codicis parum diligens. Eadem de causa capp. 42. 48. 66. 95 uersus extremus, cuius litteras ne nouum uersum consumeret paginae, ita contraxerat librarius archetypi et coartauerat, ut qui descripserunt aegre agnoscere potuerint, nonnihil aut in *A* aut in utroque codice corruptus est. Lacunis propriis deinde cod *A* laborat plurimis, paucis cod *B*. Archetypum codicis *A* uersus fere triginta litterarum habuisse his euincitur lacunis quae homoeoteleutis non sint factae:

cap. 92, 4 passus itaque est carne passibili non
<diuinitate naturaliter inpassibili> *om A*
qui et agnoscitur et creditur non
<absente tamen diuinitate sed con> *om A*

cap. 96, 3 <et purgari necesse est quam et moueri saepe> *om A*
cap. 108, 5 <naturae similes non est dubium nisi> *om A*
cap. 110, 10 et <paganos respuens qui medio tempo> re < > *om A*
cap. 129. 4 <tribus malis paganitate iudaismo> *om A*

Quas lacunas recensionis *B* auxilio adiuti non est quod magnopere doleamus: uersus archetypi XXIX fere habuisse litteras apparet conlatis initiis capp. 30 ubi uterque librarius errauit et 50 ubi *A* solus:

cap. 30 post hunc menandrus quidam nomine = 29 litterae
cap. 50 post istos theodotus quidam byzan *A* = 29 litterae.

Ex eodem archetypo saeculi V uel VI et *A* deductum esse et *B* cum istis apertum fit lacunis tum eo quod uterque cod cap. 150, 2 praebet *numera*, ubi legendum est *munera*.

Felicissimo casu igitur euenit ut duobus exemplaribus seruatis Filastrium possimus uia ac ratione recuperare fere integrum. Quae exemplaria in singulis lectionibus sane passim inter se discrepant, sed ita ut raro ambigi possit, utra lectio genuina sit. Nam Corbeiensis recensionis stulta simplicitas ubique prae Salisburgensis praepostero interpolandi et mutandi studio considerata uiam demonstrat qua scriptoris ipsius ueram liceat constituere scripturam. Veluti in praefatione 1 apparet glossema *diabolus*, 2 *perdix*, cap. 31, 2 *dicunt*, cap. 32, 6 *eius* crucem, cap. 57, 1 occasum *solis*, quae omnia librario archetypi *B* debeantur. Cuius interpretamenta passim genuinam lectionem remouerunt ab *A* seruatam, ueluti in locis Sanctae Scripturae:

cap.	31, 3	ad imaginem *A*,	secundum imaginem	*B*
„	80, 6	subiecta „	subdita	„
„	96, 1	terram „	aridam	„
„	134, 4	insensatis „	insipientibus	„
„	150, 2	comperi „	cognosco	„
„	156, 4	super te „	in te	„

alibi loci Scripturae in *B* commutati exstant a librario ueluti cap. 45, 2. 55, 3. 93, 5. 96, 3. 100, 3. 136, 3. 139, 5. 156, 5. Eodem modo glossas pro genuinis uocabulis recepit *B* his locis:

cap.	56, 1	uocantur *A*,	appellantur	*B*
„	76, 2	beatus „	propheta	„
„	89, 6	sanitatem „	dignitatem	„
„	125, 4	indulgentiam „	penitentiam	„

Praeterea formas elegantiores scriptori uoluit uindicare auctor archetypi recensionis *B* ueluti his locis:

cap.	83, 1	alium baptisma *A*,	aliud baptisma	*B*
„	109, 7	ipsud nomen „	ipsum nomen	„
„	108, 1. 109, 7	ab spiritu „	a spiritu	„
„	108, 8. 109, 3. 111, 2	manifestatum „	manifestum	„
„	118, 1	adplicuerant „	applicauerant	„
„	142, 1	intellegisse „	intellexisse	„
„	149, 3	in natale „	in natali	„
„	152, 4	insors „	exors	„

Tum asyndeta de quibus conf indicem p. 149 s. u. *asyndeton* sustulit plurimis locis *et* particula addita:

cap. 88, 4 apostolis beatis eorum successoribus *A* a. b. et eorum s. *B*

„ 93, 3 inmensa inenarranda *A* i. et i. *B*

similiter cap. 112, 3 *bis* 120, 5. 122, 1. 125, 4. 139, 3. 147, 5.

Deinde pro *surgo surrectio* composita ponere maluit *B* his locis:

cap. 36, 2	surrexisse	*A*,	resurrexisse *B*
„ 49, 1	surrectionem	„	resurrectionem „
„ 71, 2	surrectione	„	resurrectione „

Contra cap. 36, 2 resurrecturum AB^1 surrecturum B^2

Neque alio modo in rebus orthographicis uersatus est recensionem *B* qui constituit. In *A* ubique scriptum est *heresis hereticus heresiarches* similia qua in re cum consentiat Filastrius cum Prudentii et orthographia et numeris — sicuti et idolum o correpta uterque pronuntiauit scriptor (Filastr. cap. 109, 7) — et hanc nos orthographiam seruauimus: codicis *B* librarius tantummodo inde a cap. 90, 2 usque ad cap. 102, 1 passim scripturam *haeretici haeresis* sua doctrina usus intulit. Uterque codex *adheret coheret inheret*, uterque plurimis locis *grecus grecia*, nisi quod *B* semel cap. 141, 2 *graece*, *A* semel cap. 142, 6 *gręcis*, semel *graecia* 122, 1: quare et hanc seruauimus cum *e* littera scripturam posteriorum linguarum ueluti Gothicae legibus commendatam.[1]) In nominibus in *aeus* exeuntibus codicum consensum sumus secuti qui commendant *Iudaeus Pharisaeus Timaeus*, sed eadem constantia et auctoritate *Hebreus Matheus Cyreneus iubeleus Cananeus Chaldei Ptolemeus*: cuius uocabuli in orthographia *AB* consentiunt cap. 39, 1, cum cap. 142, 5 *bis* 7 pro forma uolgari *tolomeus* quae est in *A* librarius *B* suppositicium illud *ptolemeus* posuerit doctiuscule. Neque temere opinor nos his codicum testi- *De orthographia*

[1]) Conf Gustauus Kossina Festschrift zur 50jährigen Doctorjubelfeier Karl Weinholds Strassburg 1896 p. 37. Iam initio saec. III in forma urbis (tab. III 19 conf p. 7 Iord CIL VI 4, 1, 29844, 11) scriptum esse *GRECOSTASIS* admodum miramur: nam reliqua huius orthographiae exempla duo ueluti *septa aqueductium* diuersi sunt generis et explicationis.

moniis confidimus quia similes differentiae in aliis conspiciuntur uocabulis: testantur nempe illi Filastrium scripsisse *filosofus* similia, sed semper *blasphemus propheta* sicuti nusquam *eisdem* traditur sed *isdem* ubique, nusquam *iis*, sed semper *eis*, nusquam *di dis*, semper *dii diis*, nusquam *inferundae* similia sed *inferendae*. Denique recte *A adtamen* cap. 141, 4. 156, 6 sicuti lapides seruati (conf ind. uerb. s. u.) ubi *B attamen* et ita passim differunt in praepositionibus uerborum, recte *A cottidie* plurimis locis, bis tantummodo *cotidie* cap. 111, 1. 121, 7: sed nil magis mirum quam quod *B* qui usque ad cap. 111, 1 semper habeat *cotidie*, illo loco recte ponat *cottidie* semper ut uidetur emendandi studiosus, cap. 120, 7. 149, 2. 4. 150, 3 uterque *cottidie*, 121, 7 uterque *cotidie*, reliquis locis *cotidie B cottidie A*. Diuersa utriusque librarii indoles optime patefit cap. 95, 1 ubi archetypus praebuerat ΥΛΗ, unde *A*: *yah*, *B hyle* hodie exhibent: uel Graecas litteras auctorem recensionis *B* nouisse inde manifestum est. Quae eius doctrina libro non semper erat utilis: ueluti cap. 32, 2 scriptum fuit: *de sensu autem uirtutem et sapientiam*, *A* praebet: ... *et uirtutem sapientiam*, *B*: ... *et uirtute sapientiam*, cap. 103, 1 scriptum fuit: *secundum paganorum uanitatem siderum .. nomina profitetur* ubi *A*: *pecudum paganorum uanitatem* ..., *B* praebet politius hoc: *pecodum paganorum uanitate* ..., cap. 99, 3 scriptum fuit: *illud ... filosoforum inanes sententiae adserunt*, ubi *A*: ... *inanes sententiae adheserunt*, *B* habet ... *inani sententiae adhaeserunt*, cap. 150, 3 *iuxta quod capit quisquis et desiderat* recte *A*, cum *B* habeat *iuxta quod capit quisquis desiderat*, relatiuum pronomen restituendum esse ratus, *iuxta quod quisque desiderat* Sichardus similiter qui peccauerit et sic passim. Itaque a cod *A* scriptura nonnisi certissimis rationibus coactus discessi et in orthographia hunc potissimum ducem secutus sum ubi aliis eram destitutus rationibus. Qua in re hoc moneo, in uocabulis qualia sunt *caelum caelestis paene paenitentia praedico saeculum* aliis quorum de orthographia nihil adnotaui grammaticorum scripturam codices longe plurimis locis testari:

De emendationibus librarii codicis B

ubi uolgarem praetuli orthographiam, ueluti in *heresis* aliis, in eis uocabulis in adnotatione codd lectiones proposui ut ipse lector de ratione huius scripturae possit iudicare. Editoris officium denique tantummodo esse duxi editionem illam de qua supra p. XV actum est anno 430 factam quod eius fieri potest constituere: quare uolgaria quae sunt et plebeia ueluti *cauculus* modo codicum nitantur auctoritate arbitratus sum esse seruanda.

De libri compositione

De libri ipsius compositione et origine pluribus disputare meum non est: facile agnoscas eum auctorem quem in litteris merito parum eruditum appellat Augustinus, qui et uerbera et stigmata pati se gauderet Arianis infestus fidei uerae defensor acerrimus. Incipit a praefatione laetitiae et bonae spei plena, quam eodem tempore scripsit quo edictis imperatoris haeretici coercebantur gaudio exsultans, sequitur catalogus modo satis exilis, modo sermonibus in formam homiliarum exundans: qui sermones in altera parte operis sensim increscunt, cum uberrimi contineantur in exitu operis. Multas haereses singulis capitibus Filastrium tractauisse quae haereses non sint inde ab Augustino (de haeres. cap. 80) multi monuerunt: idem Augustinus scriptorem sub duobus numeris unam haeresim posuisse bis iure suo uituperauit: uide quae adnotauimus ad capp. 54. 65. Nimirum numeri et calculi magis studiosus ille fuit quam orationis recte currentis. Quod conspectu operis quem exhibemus p. 138 seqq. fit conspicuum. Neque enim casu factum est quod ante Christi passionem XXVIII, post passionem C et XXVIII haereses enumerauit. Quos numeros ut compleret, et iterauit et dilatauit singulas haereses quod inprimis manifestum est in priore parte operis in qua ante domini passionem quae fuere haereses tractauit: multas denique haereses posuit quas nemo sanus haereses potuit appellare. Maioris momenti alterius partis est dispositio digna quae ab omnibus qui historiae philosophiae antiquae operam dent accurate cognoscatur. Inde a cap. 93 id est partis alterius 65 nouae particulae exordium nos iure in editione p. 52 significasse facile concedet qui intellexerit partem alteram quae continet haereses post passionem domini quae emerserint capitibus CXXVIII, in duas particulas aequas LXIV capitum esse diuisam, quarum prior haereses contineat relatas κατὰ διαδοχήν sicuti uitarum scriptores facere solebant, posterior κατὰ τὰ δόξαντα sollemni rerum ordine adhibito quo doxographi qui dicuntur utebantur: quae quia in conspectu operis p. 138 satis copiose proposui, acta agere hic nolo. Quare mirabile non est quod in extrema hac operis parte eadem nonnumquam inueniuntur tractata quae in antecedenti: praeter philosophos Stoicos Democritum poëtas historiographos, Manicheos Gnosticos Nicolaitas (100, 1. 114, 2. 115, 2. 129, 1) refutat passim et lacerat in priore parte iam tractatos sicuti Priscilliani sectatores quos tractauerat cap. 84 retractat 123, de Tatiano et aliis nuptias detestantibus egerat capp. 48. 72, eandem doctrinam retractat cap. 120 in parte altera, paganorum philosophorum doctrinas nonnisi κατὰ τὰ δόξαντα tractauit id est in parte altera neque occurrit uocabulum *filosofus* ante capp. 99, 3. Sed numerum suum ut expleret in parte priore quae est κατὰ διαδοχάς ualde laborauit; nempe singulas haereses sub duobus numeris posuit et quae deerant capitula suppleuit talibus disputationibus quales ex parte posteriore quae est κατὰ δόξας quaeque multo amplior et locupletior esse poterat transtulerat. Veluti cap. 134 de eorum agit opinione, qui de ueteri testamento multa reprobant; at similes de Nouo Testamento opiniones non in illa poni uoluit parte qua par erat, sed priori passim inseruit quo numerum suum expleret LXIV, ueluti cap. 60 eos posuit qui euangelium cata Iohannem respuunt et Apocalypsin, cap. 89 eos qui epistolam ad Hebraeos, cap. 88 eos qui apocrypha legunt, canonicas scripturas contemnunt: quae capita sicuti alia nonnulla 51. 58. 69. 71. 78. 80. 92 aptius in altera parte erant collocanda. In eo tamen rationem quandam secutus esse uidetur, quod omnes quae ad Nouum Testamentum pertinent quaestiones ex altera parte operis id est extrema eum remouisse apparet. Quae accurate si consideraueris facile iudicabis scriptorem primum sectas collegisse κατὰ διαδοχήν tum κατὰ δόξας: quibus collectis duas aequas effecisse partes capitum LXIV, postremo primam partem haeresibus sedulo in Iudaeis quae fuere conquisitis effecisse capitum XXVIII ad similitudinem eius quae sequitur pars capita continentis CXXVIII. In exitu operis numerum ut compleret homilias nonnullas quas nescio quis habuerat de singulis locis Testamenti Veteris in breuia capita redactas uidetur addidisse: quod locos Testamenti Noui non respexerit in hac parte operis memorabile esse supra iam exposui. In priore parte quomodo singula postmodum intulerit capita, maxime cap. 34 perspicuum factum est in quo agitur de eis qui Iudam traditorem honorant. Qui sunt Caiani cap. 2 quos tractauerat in eis haeresibus, quae ante domini passionem fuere: cui rei quia Iudae nomen refragari uideretur hanc singularem eorum doctrinam pro haeresi posuit inter Nicolaum cap. 33 et Carpocratem cap. 35 cuius sectatores iterum memorantur cap. 57: sed mansit illud *Post istum* (i. e. Nicolaum) *Carpocras nomine surrexit* initio cap. 35 ubi satius erat scribere *Post istos* ut cap. 52 alibi. Hippolyti opus contra haereses eum secutum esse ostendit *R. A. Lipsius die Quellenkritik des Epiphanios Wien 1865*: retractauerunt eandem de auctoribus Filastrii quaestionem idem in libro *Die Quellen der ältesten Ketzergeschichte Leipzig 1875 A. Hilgenfeld die Ketzergeschichte des Urchristenthums Leipzig 1884* alii quorum nomina et libros Hilgenfeld l. s. laudauit. Hippolyteam doctrinam noua editione quae modo emissa est Hippolyti et hac Filastrii comparata pluribus locis demonstrari posse suspicor: ueluti Hippolyti opiniones sequitur aperte Filastrius in chronologia (conf indicem p. 150 s. u. chronologia) et in doctrina de consummatione mundi cap. 107 prolata. Huic Graeco auctori, quem cum Latine uerteret saepe miro modo angustiis premebatur ueluti cap. 111, locos Graecorum scriptorum Platonis et Hesiodi debet Filastrius. *De Hippolyto Filastrii auctore.*

Saeculares scriptores Latinos non uidetur nouisse sermoque eius magna insignis est rusticitate. Quod inprimis apertum fit cum Gaudentium perlegeris multo doctiorem Filastrio et politiorem. Qui sermonem de Machabaeis cum uerbis incipiat *Si quis uestrum, fratres dilectissimi, fortasse miratur* (p. 326 G 948 M) *De Filastrii et Gaudentii eruditione et sermone*

M. Tullii diuinationis in Caecilium aemulatur prohoemium, cum scribat: *duae sunt spiritales intellegentiae in his dictis, quarum si unam sequaris ambas noueris* (p. 240 G 856 M) Andriam Terenti (prolog. 10) *quae et pueris semper est tradita* teste Eugraphio (Terent. comoed. ed. R. Klotz I p. 173) se legisse testatur et Phormionem (186) se nosse significat cum scribit (p. 285 G 904 M) *laterem lauant.* De Sacrae Scripturae exemplaribus quibus Filastrius usus sit iudicium ferre perdifficile est quia et Septuaginta duorum defensor extitit acerrimus (cap. 142) et uersiones ueteres Latinas nosse uidetur nec semper locos sedulo inspexit aut accurate exscripsit: qua in re diligentissimum esse criticum et philologum Gaudentium successorem eius ex duobus locis perspicitur ueluti de Ioh. XII 7 (p. 314 G 935 M) haec docet: *sine, inquit, eam siue sinite: utrumque enim et in Graecis et Latinis exemplaribus inuenitur* e. q. s. et de Ioh. XII 31 (p. 310 G 930 M): *mittetur deorsum siue expelletur foras ut in Graecis exemplaribus legimus.* Sermone denique Gaudentium uti multo politiore et a Filastrii sermone abhorrente ex his quae modo exposui licet suspicari: ueluti cum *pectus* substantiuum non inueniatur apud Filastrium, hoc inuenitur apud successorem eius (p. 244 G 860 M) id genus alia de quibus noua Gaudentii editione emissa sicuti de multis quaestionibus quas in hac institui praefatione rectius licebit iudicare.

Multos etiamnunc locos emendatoris manum flagitare in hoc libro perlegendo omnes intellegent quem librum iam saec. VI uel VII et lacunosum et passim corruptum mendis librariorum fuisse codicum euincit consensus. Lacunarum quas indicaui supplementa quae in adnotatione proposui ea esse duxi quibus uiri docti incitentur ad meliora inuenienda. In locis S. S. adferendis ubi Fabricii opera deficiebat nihil fere reliquae editiones opitulabantur: capita singula in paragraphos distribui. Decrepitae huius Latinitatis indicem uerborum in quo nullum deest uocabulum quare confecerim in p. 162 adnotatione exposui: quem indicem quamuis excedat fines his editionibus propositos omnibus utilem fore confido quicumque

Filastrio operam dabunt emendando. Neque dubitare me supra dixi quin Gaudentii Augustini aliorum Filastrii aequalium editiones cum perfectae erunt et his quae in hac praefatione exposui rectiora et certiora futurum sit ut possint enarrari: frustula me undique corrogasse ut de Augustini Gaudentii Actorum concilii Aquileiensis singulis locis editorum beneficio et gratia recte iudicari possit intellexit lector beniuolus. Codicem denique aliquem manuscriptum melioris notae praeter eos quos enumeraui ideo minus probabile est etiamnunc exstare, quia neque Ambrosii editori ullus innotuit et Galeardum alios per multa monasteria et bybliothecas frustra quaesiisse ex eis quas supra laudaui editionibus fit perspicuum.

Restat ut eis qui in noua hac editione instruenda me benigne adiuuerunt, inprimis Hermanno Vsener, gratias referam lubens merito qui anno 1886 cum Petropoli degerem ut Corbeiensem codicem denuo conferrem commonuit, editionis huius quasi auctor extitit, emendationes haud paucas mecum communicauit per litteras, Carolo Schenkl patri et Henrico filio quorum de laude et meritis iam supra rettuli, Guilelmo de Hartel Vindobonensi, uiro illustrissimo, Victori Iernstedt Petropolitano, Aloysio Goldbacher Francisco Klein Augustini A. Polaschek Gaudentii editoribus, praefectis denique et custodibus bybliothecarum Cheltenhamensis Petropolitanae Vindobensis Vratislauiensis quorum in numero est qui et doctrina et opera egregie me adiuuit Theodorus Gottlieb Vindobonensis aliis permultis quos precibus fatigaui ut uiderent ne lateat in sua bybliotheca liber manuscriptus scriptoris rari parumque noti, tum Eduardo Schwartz Ottoni Seeck amicis doctissimis qui in singulis libri fasciculis corrigendis me adiuuerunt benignissime.

Vindobonae Kal. Octobr. MDCCCLXXXXVII

Fridericus Marx.

PRAEFATIONIS CAPITVLA

LOCI IN PROLEGOMENIS TRACTATI ET ** IN EDITIONE CORRIGENDI

FILASTRII
DIVERSARVM HERESEON LIBER

NOTARVM INDEX

A = cod Petropolitanus saec. IX (p. XX) qui omittit praefationem et capp. 1—28

B = cod Vindobonensis saec. IX (p. XXIV) qui omittit capp. 107. 115. 117. 140. 151. 154

C = cod Cheltenhamensis saec. VIII (p. XVIII) qui habet solum cap. 148

Sichardus = editio I. Sichardi Basileae 1528 facta ad cod Treuerensem deperditum saec. XII recentiorem (p. XXVII) quae omittit capp. eadem quae *B* omittit

Fabricius = editio I. A. Fabricii Hamburgensis 1721 (p. XXIX)

Galeardus = editio P. Galeardi Brixiana 1738 (p. XXX)

Oehlerus = editio F. Oehleri Corp. haeresiol. tom. I Berolini 1856 (p. XXX)

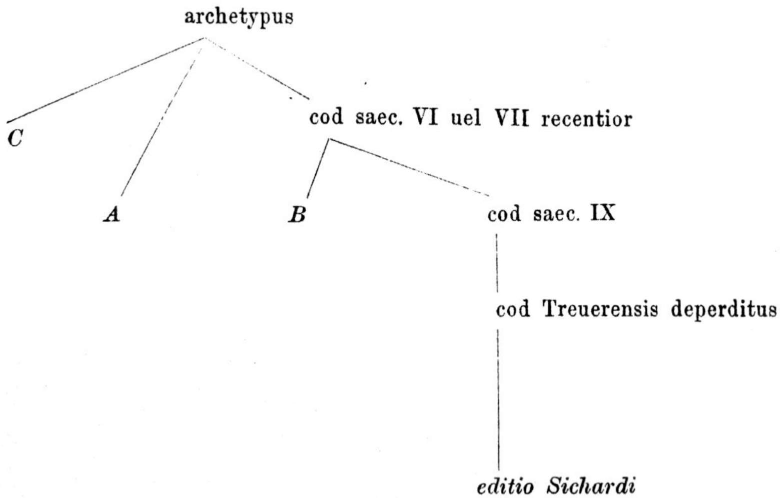

De hereseon diuersa pestilentia, uariisque erroribus qui ab
origine mundi emerserint et sub Iudaeis defluxerint et ex quo
uenit dominus noster Iesus saluator in carne pullulauerint,
dicere oportet numerumque earum paulatim exponere inimi-
cumque humani generis [diabolum] perdici fuisse a sancto
propheta non inmerito comparatum agnoscere: qui cum infe- 2
cunditatem patiatur saepius [perdix], ** aliorumque furtim
fetus incubans quasi suos iam fouet ac uindicat filios usque
ad tempus aliquod; cumque eis iam tempus aetatis discer-
nens adcreuerit, tunc amissis falsis parentibus, iura parentum
sensu proprio recordantes, palamque oculis intuentes, sequi
eos amplius non demorantur. Quorum causa nobis similitudo
haec nuntiata est? Quod diabolo relicto impietatis causa eius 3
qui, orbem terrarum sui sub dicione ac potestate cum tenere
putaret, *** postque uero Christo parente a nobis uiso et
recognito, amissa falsitate parentis mendacissimi, iam ueri
parentis Christi uestigia | sequi omnis homo non moratur agno-
scens. Co*t*tidie per aenigma enim compleri cognoscimus pro-
phetiam Hieremiae beatissimi ita dicentem: Clamauit per-
dix, collegit quae non parturiit, faciens sibi
diuitias non cum sapientia, in medio dierum dere-
linquent eum, et in postremo erit insipiens, quod 4
nunc deserentes co*t*tidie omnes gentes idolatriam mortiferam

5 Ierem XVII 11

1 *in B qui cum ed. pr. capp 1—28 seruauit solus nulla peculiaris libri huius praescriptio extat* haeresaeon **5** diabolum *om Sichardus* **7** perdix *om Sichardus* *excidit ueluti:* aliorum nidos quaerens **13** ? *posuit Oehlerus* **14** ac potestate *om Sichardus* cum tenere] continere *Oehlerus* **15** *excidit ueluti* mendaciis suis animas ignorantium cottidie captiuaret, **18** cotidie **23** cotidie

inimici, Christum iam uerum deum de lege et prophetis audientes eumque cum patre semper esse credentes ac recordantes, aeque ad eum modis omnibus supplices properant peruolare, ut compleatur prophetia: Recordabuntur et conuert*e*ntur ad dominum Christum omnes fines orbis terrarum.

HIC ITAQUE HERETICORUM EST NUMERUS A MUNDI INITIO ATQUE | ORIGINE:

I PRIMI sunt Ofitae, qui dicuntur <*et*> Serpentini. Isti serpen-
tem id est colubrem uenerantur, dicentes quod hic prior ini-
tium nobis scientiae boni et mali a*d*tulerit. Unde ei deum
inuidisse adserunt, quia scientiam, inquit, primus detulit
mulieri bonae rei atque malae, perque illam ita ad genus
2 omne hominum permanauerit; propter quod et de caelo primo
deiectus est, inquit, in alterum; unde eum et de caelo aiunt
aduenturum, et uelut aliquam dei uirtutem esse eundem
aestimant, atque eum adnuntiant adorandum.

II

Alii sunt Caiani, qui Cain laudant fratricidam, primogenitum
patris nostri ac beati Adae protopl*a*sti, dicentes ex altera
2 uirtute, id est diaboli, Cain factum, ex altera autem Abel
beatissimum natum, et uirtutem maiorem, quae erat in ipso
Cain, inualuisse, inquit, ut suum interficeret fratrem.

III

Alia autem est heresis Sethianorum, quae Seth filium Adae postea genitum hocque appellatum nomine uenerantur, qui post interfectionem Abel beatissimi natus est; ex quo et Sethiani appellantur, colentes eum ac dicentes quod duobus

4 Psalm. XXI 28

5 conuertentur *Sichardus*] conuertuntur 9 <*et*> *addidi* serpentem id est *om Sichardus* 10 colubrū *Sichardus* 11 attulerit 13 perquae 20 protoplausti

creatis hominibus initio et angelis in dissensione constitutis
tenuit uirtus in caelo feminea; apud eos enim masculi et
feminae, dii deaeque esse putantur. Quod peruidens, inquit, 2
mater, quia occisus est Abel iustus, cogitauit ut pareret
iustum Seth, in quem et collocauit magnae uirtutis spiritum,
ut possint destrui, inquit, uirtutes inimicae. De Seth autem 3
ipso Christum deum genus deducere aiunt. Quidam autem
ex eis non solum genus de eo deducere, sed etiam ipsum
Christum esse adserunt atque opinantur.

IV

Dositheus quidam postea, Iudaeus genere, ausus est dicere
secundum carnem solum esse uiuendum, in lege dei deque
ea resurrectionem non sperans futuram nec dei spiritum nec 2
angelum esse credens nec futurum iudicium de lege atque
prophetis expectans.

V

Sadducei post ipsum, a Saddoc homine Iudaeo qui hoc no-
mine uocabatur — qui discipulus fuit illius, qui et confir-
mauit hanc heresim, | ut ex eo Sadducei dicerentur — secun-
dum carnem aeque solum praedicant uiuendum, circumciden-
dum, corpusque baptizandum, de lege autem diuina non aliud 2
expectantes, Epicuream dementiam potius quam diuinae legis
iura sectantes. De quibus et in euangeli*o* scriptum est
docente domino contraque hanc heresim pestiferam praedi-
cante.

VI

Alia autem est Pharisaeorum, quae resurrectionem futuram
confitetur, legem accipit et prophetas, Christum autem expec-
tant ut iustum hominem. Hi iudaizant et euangelia non acci- 2

23 Matth. XXII 23

15 exspectans 22 exspectantes 23 euangeliū scribtum 28 exspectant 29 hii

piunt, et quaedam tempora Christo domino nostro esse contraria adserunt.

VII

Alii autem Samaritani sunt a Samareo rege ita nuncupati.
Alii autem aiunt a filio Canaan, qui hoc nomine Samareus
uocabatur, a quo Samaritani sunt appellati. Isti legem acci-
piunt Mosi, id est quattuor solum libros, iudicium futurum
non expectantes, resurrectionem negantes, Christum deum dei
filium in lege et prophetis nuntiatum ante non credentes,
2 animam etiam inmortalem habere hominem iuxta legem non
sentientes, solum autem hoc in corpore uiuendum esse pu-
tantes, resurrectionemque futuram in procreatione filiorum,
quae in hoc saeculo fit co*t*tidie, hanc aestimantes eamque
praedicantes uanitatem, insensatis quippe pecudibus comparati,
ut scriptum est in propheta:

Homo in honore constitutus non intellexit,
comparatus pecudibus insensatis,
et similis eis factus est.

VIII

Alia est heresis Iudaeorum qui dicuntur Nazorei, quae
legem et prophetas accipit, carnaliter tamen uiuendum *ad*fir-
mat, omnemque iustificationem in carnali obseruantia consi-
2 stere suspicatur, crines etiam nutrientes capitis omnemque
uirtutem iustitiae in eo putantes consistere, quasi a Samson
illo iudice sibi hoc praesumentes indicii quia Nazorei uoca-
bantur: a quo postea pagani fortes uiros ex illius figura
usurpantes Hercules nuncuparunt.

16 Psalm. XLVIII 13. 21

5 chanaā 7 mosi] i *super* o *posuit m 2* 8 exspectantes 13 cotidie 15 scribtum 16 *ita cata cola scriptum est in cod* 20 nazorei] a *super* o *posuit m 2* 21 affirmat 25 nazorei] a *supra* o *posuit m 2*

IX

Esseni autem alii sunt, qui hoc nomine appellantur. Hi mo-
nachorum uitam exercent, escas deliciosas non sumentes nec
studium in uestimentis gerentes nec possidentes aliquid, | lec- 2
tioni autem et bonis operibus insistentes, in locis etiam
separatis habitantes, Christum autem deum dei filium non
expectantes, nec in lege atque prophetis eum dominum agno-
scentes a*d*nuntiatum, sed ut prophetam aut iustum hominem
solum credentes expectant.

X

Alii autem sunt Heliognosti, qui et De*in*uictiaci dicuntur,
solem adorantes, atque dicentes solem scire omnia quae dei
sunt, homines etiam non alium nisi solem inluminare, solem-
que eis praebere omnia nutrimenta, non cognoscentes quod
in seruitute positus cursum suum peragrat a deo patre per
Christum dominum in sancto spiritu statutum co*t*tidie, de
quo scriptum est: Qui dicit soli oriri, et oritur, et
non oriri, et non oritur. Quem Hermes ille uanus paga- 2
nus Trismegistus docuit post deum omnipotentem non alium
nisi solem debere ipsum et homines adorare; qui cum ad
Celtarum prouinciam perrexisset, ipse eos dinoscitur docuisse,
atque huic errori ut succumberent isdem suasisse. Quem
solem Iudaei captiuati adorabant, ut Hiezechiel propheta
eosdem Iudaeos | incusando condemnat, ac reos criminis maie-
statis declarat et arguit contestando, sicut scriptum est.

XI

Alii sunt qui ranas colunt quas sub Faraone ira dei tunc temporis Aegyptiorum terrae manauit, ut pu*t*ore Aegyptios

17 Iob IX 7 **23** Ezech. VIII 16 **27** Exod. VIII 3

7 exspectantes **8** annuntiatum **9** exspectant **11** De*in*uictiaci] deuictiaci *B: conf. Priscillian. p. 39, 10 Schepss et p. 177 s. u.* inuictiacus **16** cotidie **17** scribtum **20** ipsum & *B* ipsummet *editt* **22** hisdem **23** hie///zechiel **25** scribtum **28** putore *Sichardus*] pudore

2 defatigent, inque hoc scelere adhuc perseuerant, putantes dei
iram ex hac uana obseruantia posse placare.

XII

Alii sunt Musiritae nomine, qui sorices colunt, qui sub
Heli quo*n*d*am* sacerdote, cum fuisset capta arca testamenti
ab allofilis atque ex ira dei produxisset terra sorices ut eorum
fruges deperirent, a*d*moniti a suis fecerunt aureos mures
atque eos cum arca et sedibus aureis remiserunt quinque,
2 statimque ab eis desiit pestilentia. Legem itaque et prophetas
isti accipientes non cognoscunt hoc esse uanum et abomina-
bile quod ab uniuersis contemnitur et modis omnibus deri-
detur.

XIII

Alii sunt qui muscam Accaron colunt in ciuitate ita dicta,
ut in Regnorum libro scriptum est sicuti rex Ozias Iudaeo-
rum languens miserat ad muscam Accaron ciuitatem, si sanus
2 fieri posset | de languore corporis; cuius causa beatus Helias
iratus zelo diuino propheta, quia non a deo Christo salutem
Iudaeorum rex sperare maluit, sed a musca potius et Accaron
ciuitate, iratus in hoc beatus propheta non eum euasurum,
sed moriturum in lecto suo ilico diuino spiritu pronuntiauit.

XIV

Sunt Troglodytae, qui ita dicuntur in Iudaeis, qui in speluncis habitantes abditis idola colere non desinebant, ut ait Hiezechiel propheta, monstrante domino quomodo in speluncis absconditis seniores populi tenentes turabula idolis sacrificabant, atque ea caecis mentibus adorabant.

XV

Alia est heresis in Iudaeis, quae Reginam, quam et Fortu-

4 I Reg. IV—VI 5 15 IV Reg. I 2 24 Ezech. VIII 11. 12

4 Musoritae *Sichardus* 5 quo*n*d*am*] quod 7 ammoniti 15 scribtum

nam Caeli nuncupant * quam et Caelestem uocant in Africa, eique sacrificia offerre non dubitant, ut etiam prophetae Hieremiae Iudaei tunc dicerent ex aperto, *cum* moneret eos recedere ab idolis et seruire domino, solumque eum adorare eos debere: irati exclamant, dicentes, ex quo illi, inquit, For- 2
tunae Caeli siue Reginae non sacrificant, ex eo cuncta illis mala et pericula contigisse. Propter quod | beatus Hieremias exiens de populo deque ciuitate eorum Lamentationes illius causa impietatis in libro conscripserat, casumque illis atque ciuitati aduenturum non multo post nuntiabat.

XVI

Alii sunt in eis, qui Bahal nomen regis Tyriorum detinentes memoria atque ipsius idolum adorantes eidem sacrificabant, ut in Regnorum libro continetur, cum rex Israhelitarum Achab et Hiezabel uxor eius illi idolo sacrificare non desinerent. In quo, zelo ductus diuino, beatus Helias propheta missus a Christo domino, ait eis, sub nomine Iudaismi legem confitentibus, impietati autem perniciosae paganae seruientibus, et omni populo ita dixit: Ut quid uos claudicatis 2
in utrisque poplitibus uestris? aut deo, deo, aut Bahal, Bahal. Et nihilominus fauens lucorum sacerdotibus rex atque regina diuersis poenis et cruciatibus perierunt. Populus etiam non recedens ab idolis crebris captiuitatibus interiit.

XVII

Alii sunt qui Asthar hominem et Camoth abominationem Cananeorum et Sidoniorum id est idola hominum ac mulierum, uenerabantur, atque isdem diuersa offerebant sacrificia, | quorum causa et captiuitas illis regibus et populo tunc temporis

4 Hierem. XLIV 18 **14** III Reg. XVI 31 **19** III Reg. XVIII 21 **26** III Reg. XI 33

1 *excidit* adorant **3** cum moneret *Sichardus*] commoneret **8** lamentationis **9** conscribserat **27** chananeorum

permittente domino saepius aduentabat, sicut in Regnorum
2 libris continetur. Praeter Dauid beatum regem et Ezechiam
sanctum et Iosiam et Ie*h*u filium Namessi alii omnes per-
mittebant populos sacrificare idolis, ac saepius cum illorum
interitu * et ipsi uersabantur, non ea destruentes, sed magis
impietatis eorum fautores fieri properantes, *u*t reges ceteri,
sicuti libri Regnorum contestantur.

XVIII

Ali*a* est heresis in Iudaeis, de qua dominus per prophetas
incusabat eos. Deque ea beatus Stephanus mart*y*r increpabat,
dicens: Numquid immolationes et sacrificia mihi
quadraginta annis obtulistis, domus Israhel, dicit
dominus omnipotens? Et nunc suscepistis taber-
naculum Moloch et sidus dei Remfam, formas fixo-
rum idolorum et sculptilium? Propter quod dicit
2 dominus: Transmigratione uos faciam captiuari
in terram Babyloniae atque Persarum et interiora
loca alia et arida et in postrema terrarum om-
nium.

XIX

Alii sunt qui aram collocantes ita dictam Tafeth nomine
alicuius, in ualle filii Ennom, ibidem suos filios et filias
[Iudaei] | daemoniis immolabant. De quibus dicit dominus per
2 prophetam Hiezechiel: Ecce fili hominis, uide quid
facit populus Israhel: iste filios et filias suas in
ualle Tafeth immolat daemoniis, quibus ego non
mandaui hanc facere iniquitatem in Israhel po-
pulo.

1 IV Reg. XXIV **2** IV Reg. XVIII 3 **3** IV Reg. XXII 2 III Reg. XIX 16 IV Reg. IX 2. 14. 20 **11** Amos V 25. 26 Actor. VII 42. 43 **22** Ierem. VII 31 **24** Ezech. VIII 8. 9 Ierem. VII 31

3 iesu filium namersi **5** *excidit ueluti* in impietate **6** ut *Sichardus*] et **9** Alii **10** martir **12** isrł **14** fictorum *Fabricius* **25** isrł **27** isrł

XX

Alii sunt Puteoritae, qui puteos colunt in altum fodentes
deque eis haurientes quasi aquam salutis, in ea sperantes
aliqua, cum dicat dominus per prophetam monendo: Me
dereliquerunt fontem aquae uiuae, et foderunt
sibi lacos detritos, qui non possunt capere aquam
salutarem. Quod ergo ante dicebat per prophetam, in sua 2
diuina complebat praesentia, dicens: Omnis qui ex hac
aqua terrestri biberit, rursus sitiet: de aqua
autem quam ego ei dabo, si biberit, non sitiet in
aeternum, sed erit ei saliens in uitam aeternam.
Quippe erat gratia Christiana baptismi salutaris humano
generi concessa a domino saluatore.

XXI

Alia est heresis in Iudaeis quae serpenti sacrificabat et
usque ad Ezechiam regem Iudaeorum beatissimum eandem
impietatem celebrabat | <*ser*>penti<*s sicuti legi*>mus in libris
Regnorum quod usque ad Ezechiam sacrificabat serpenti aereo
populus Iudaeorum, quem Moses beatus facere iussus fuerat
in exitu Israhel de Aegypto, cum a serpentibus morderentur
Iudaei murmurantes atque deperirent: inque hoc iussit domi- 2
nus ut faceret Moses serpentem aereum, ac suspenderet eum
in medio populi supra lignum; et qui intuebantur in eum,
saluabantur a plagis atque diuersis uulneribus. Illi ergo ser-
penti aereo usque ad regem Ezechiam sacrificabat Iudaeorum
populus; formationes etiam in lapide magno uelut obelisco,
qui erat in templo positus pro columna, et in eo incisiones
et impressiones manu hominum et ut litterarum quarundam
sculpentes Iudaei, et formulas diuersas tollentes et ponentes
in lammina baiulabant in collo: incantationes etiam docentes 3
et uelut filacteria habentes, immo potius exercentes ut malefi-
cia, eadem percolebant, atque inde alligaturas et tutamina

4 Ierem. II 13 **8** Ioh. IV 13. 14 **17** IV Reg. XVIII 4 **19** Num. XXI 9

17 *ser*>penti<*s sicuti legi*>mus] pentimus **20** isrł moderentur *B*[1]

suo portabant et portant in corpore, quae dominus ubique in
lege uetuerat fieri quia paganae caecitatis haec erat impie-
4 tas. Has igitur beatissimus | Ezechias rex impressiones siue
sculptiones deleri iussit atque ferro radi penitus atque excindi,
aereum etiam serpentem deponi atque frangi praecepit: pro
quo merito est liberatus a domino de obsidione tanta Persa-
rum et Assyriorum, tunc temporis qui uenerant captiuare
Iudaeorum populum atque ciuitatem, ut illa nocte, qua time-
5 bat barbaros rex Ezechias, angelus domini de caelo descen-
deret centumque et octoginta quinque milia alienigenarum
obsidentia ciuitatem nocte silenti percuteret, atque omnes
homines exanimes atque mortuos mane regi omnique Iudaeo-
rum populo demonstraret.

XXII

Alia est heresis, ut Hiezechiel propheta dei iussu peruidit
sub terra in spelunca stantes septuaginta uiros seniores
2 Iudaeorum, tenentes turabula, diuersisque formarum sculpti-
libus sacrificantes eosdem atque eadem adorantes.

XXIII

Alia est heresis Iudaeorum, quam sub spelunca iussu dei
cogitur peruidere propheta, mulieres sedentes et plangentes
quendam Thamuz nomine, qui filius regis gentilium fuit | cuius
2 Iudaeae mulieres simulacrum cum fletibus adorabant impie-
tatemque gentilium colentes ei offerre sacrificia non desinebant.
Thamuz enim et Farao ille dicebatur rex Aegyptiorum qui
sub beato Mose Aegyptiis praesidebat illo in tempore.

XXIV

Alia est heresis in Iudaeis, quae, multorum quasi hominum

1 Leuit. XXVI 1 Deut. XVI 22 9 IV Reg. XIX 35 15 Ezech. VIII 11. 12 21 Ezech. VIII 14

7 tunc—Iudaeorum *om sed m 1 in marg inferiore add* 26 mose] i *super* o *posuit m 2*

multarumque mulierum, percolentes idola Bahalitarum, speluncis
absconditis isdem offerre sacrificia non desinebant, scriptura
dicente quasi multorum atque multarum fuisse numerum:
hoc autem *** aut a Belo rege, qui orientem potenti regimo- 2
nio multo tempore detinuit ac de ipsius uxore et filiis filia-
busue ita ex parentibus editis omnem eorum progeniem
processisse monstrabat, ut ex eis Bahalitae pluraliter appella-
rentur. Nam ut est genus aut Gr*ac*corum aut Aniciorum et 3
aliorum, ita ex parentibus suis omnis illorum emerserit
progenies, ex uno nomine impia generatio ut Bahalitae dice-
rentur. Itaque mortui, cum in monumentis ponerentur, et
progenies illorum itidem sepulta in eo loco hoc nomine a
suo populo meruit a posteris nuncupari, | ut Bahalitae appella-
rentur a sua generatione pristina. Belus autem siue a proprio 4
nomine, siue a fortitudine belli, quia multos superabat tunc
temporis, hoc nomen aut cognomen habere sortitus est: deque
hac re Iudaeorum popul*us* impietatem gentilium sequendo a
diuina scriptura accusatur, quod sacrificantes illis, id est
regibus et eorum filiis omnique cognationi illorum sequenti
diuersis captiuitatibus tradebantur.

XXV

Alia est heresis in Iudaeis, quae Bahal idolum ** aut
Balaam pseudopropheta*a*, qui de Mesopotamia aduenerat contra
Mosen beatissimum, asserunt nomen accepisse, quia Balac
tunc temporis rex Moabitarum illum rogauerat, ut ad eum
iret et malediceret populo Iudaeorum. Et quia ut propheta 2
in scripturis ante dicebatur, contempto autem praecepto
domini ad pseudoprophetae postea descendit interitum contra

2 Iudic. II 11 *alibi* **23** Num. XXII

2 scribtura **4** *excidit ueluti* aut a Bahal rege Tyriorum **8** Graccorum *Fabricius*] grecorum **17** populos **18** scribtura **22** aut] a *Fabricius: excidit* aut a Balac rege **23** pseudopropheta *Fabricius*] pseudoprophetam **24** mosen] i *super* o *posuit m 2* **27** scribturis dei populum cogitando, Iudaei, ut pagani sub hoc uocabulo idolum facientes ipsius, colere illud non desinebant.

XXVI

Alia est heresis *** de Pyt*h*onissa, quod cooperientes uestimentis mulierem ab ea quaedam | responsa sperabant posse consequi. Unde et aiunt Pyt*h*onissam illam beati Samuhelis animam ab inferis excitasse atque inde maxime credi <*id*> posse homines usque hodie plurimi suspicantur, qui*a* quae dixerat regi Sauli *s*uperst*e*s propheta beatissimus, ea etiam in excitatione quasi *d*ei iterum responsa dixisse cognoscitur
2 uera; cumque plurimi huic adquiescere mendacio malunt, in perpetuum descendunt in interitum, cum propheta dicat: Iustorum animae in manu domini, et non tangit eas mors. Quomodo itaque anima impia piam sanctamque animam, et prophetae maxime, poterat ab inferis excitare? Sed quia ignorant quod recedentes animae a fide Christi domini deditas iam se impietati faciunt atque ei omni se studio subiciunt, quia arbitrii sui est omnis homo, quod uelit ut eligat facere permittente deo, iam ut *** quia recessit a domino, ut immundus spiritus iam ei dominaretur, dubiis et claudicantibus in lege diuina quod dixit beatus
3 Helias: Aut deo, deo, aut Bahal, Bahal. Qui enim adheret Christo, unum corpus est, et qui immundo spiritui, unus consensus est. Et Achab rex Iudaeorum cum crederet Sedeciae et aliis falsis prophetis uerumque

1 Num. XXXI 8 Ios. XIII 22 **4** I Reg. XXVIII 7 *seqq.* **8** I Reg. XV 18. 19. 28 XXVIII 16—18 **13** Sap. III 1 **18** Sap. Sir. XV 14 **22** III Reg. XVIII 21 I Cor. VI 16. 17 **24** II Paralip. XVIII 9 *seqq.* III Reg. XXII 8 *seqq.*

4 *excidit ueluti* quae non recte sentiebat in Iudaeis pytonissa **6** pytonissā **7** <*id*> *addidi* **8** qui*a* *Oehlerus*] qui ea **9** superstis **10** *d*ei *Fabricius*] ei **19** *exciderunt fere haec:* beati Samuhelis animam ab inferis excitasse Pythonissam adserant ita edocent aberrantes cum scriptura quae nuntiauerit de Saul rege, spiritali scientia nuntiauit, deditum eum fuisse impietati **23** unū] ū *in ras* **25** sedechiae

prophetam domini Micheam contemneret, | interrogat dominus
inmundum spiritum, adhuc bonitatis loco regi concesso a
Christo domino usque ad tempus aliquod, ut, si uellet cre-
dere prophetae uero, procellam periculi deuitaret, si nollet
magisque crederet pseudoprophetis, sine dubio deperiret. Ita 4
enim interrogat dominus inmundum spiritum, dicens: Quis
seducet, inquit, regem Achab Israhelitarum, ut
uadat in pugnam et ibi interficiatur? Et ecce
inmundus spiritus aduenit dicens: Ego uadam et
faciam. Et ait dominus ad immundum spiritum:
quomodo id facies? Et ait inmundus spiritus ad
dominum: Facio me quasi angelum lucis et uerba
similia eloquar, et ducam eum in pr*o*elium, atque
ibi eum deseram, et sic morietur. Et ait dominus
ad eum: Vade, sic facies. Ideoque et apostolus ait:
Non magnum est, si et satanas transfigurat se 5
uelut angelum lucis, cum ipsius satellites trans-
figurantur. Et ita decipiunt multos uisu, uerbo aut per-
suasione non alterius rei quippe, nisi quasi similis et ueri,
ut, cum uerbis ueluti similibus et uisibus quasi bonis et
non malis in tempore uolunt credere atque eis inherere
homines, ineuitabilem aeternae mortis incurrant sententiam,
diuersisque post exitum corporis poenis | et cruciatibus pes-
sumdent*ur*. Quod et regi Iudaeorum illo tempore periculum
superuenit, quod falsis magis quam ueris dei prophetis cre-
dere maluisset.

XXVII

Est heresis in Iudaeis quae Asthar et Astharoth post Mosi defunctionem successionemque Hiesu filii Naue colentes ad captiuitatem gentilium tradebantur. Nam Asthar et Astharoth homines et feminas figurasque eorum colebant, quae nomina

6 Il. ss. 19 *seqq.* 16 II Cor. XI 14. 15 28 *uide supra ad* XVII

13 eloqua B^1 praelium 22 sentiā B^1 23 pessumdenter
28 mosi] *super* o *posuit* i *m 2*

regum Syrorum fuerunt et Aegyptiorum: quorum filii filiaeque
cum a suis populis colerentur, post etiam templa illis facien-
tes, post mortem illorum progeniem ibidem sepelientes deo-
rum dearumque eis nomina offerebant cum sacrificiis itidem.
2 Nam Astartium est in Syria ** aliaque diuersa et plurima,
quae de gente Cananeorum omnis haec illo tempore exarsit
impietas, quam Moses gentem cum omni suo populo eradi-
care iubebatur a domino.

XXVIII

Alii Herodiani sunt, ab Herode rege Iudaeorum ita appellati. Isti resurrectionem confitentur, legem et prophetas accipiunt, Herodem autem regem Iudaeorum, percussum ab angelo, ipsum ut Christum sperantes expectant. |

I

XXIX POST PASSIONEM AUTEM CHRISTI DOMINI NOSTRI ET ASCENSIO-
NEM IN CAELUM Simon quidam fuit Magus, genere Samari-
tanus, *G*itheus, de loco quae uilla est in Samaria ita uocitata:
qui magicis uacans artibus multos fallebat, dicens se esse
uirtutem quandam dei, quae supra omnes, inquit, uirtutes
2 est. Quem Samaritani quasi patrem uenerantur et suae here-
seos institutorem perniciosae extollunt, multisque eum prae-
3 ferre laudibus enituntur. Qui baptizatus a beatis apostolis
recessit a fide eorum, sceleratamque et perniciosam heresim
seminauit, dicens se transformatum putatiue, id est quasi

5 I Reg. XXXI 10 8 Exod. XXIII 24 XXXIV 13 10 Matth. XXII 16 12 Actor. XII 23 20 Actor. VIII 9 *seqq.*

5 *exciderunt ueluti* templum ita uocitatum unde et Camoth emersit abominatio 6 chananeorum 7 moses] *super* o *posuit* i *m 2* 10 *post* Herode de *erasum* 13 exspectant 15 Post] *hic incipit A in quo praeponitur:* INCIPIT LIBER FILASTRI EPISCOPI DE HERESIBVS: *in B duo uersus uacui* autem *om A* 16 symon *B* 17 citheus *B* citieius *A* samaria ita *A* samarinta *B* uocata *A* 18 uacant *A* 19 quendam *A* 20 quem *A* quae *B* 21 perniciose *B* pernitiose *A* 24 se *B* Et *A*

per umbram, et ita se passum fuisse, cum non, inquit, pate-
retur. Qui et audebat dicere mundum ab angelis factum, 4
angelos autem factos a <*se*> quibusdam sensibus de caelo
praedit*o*, eosque fefellisse *** genus hominum. Intellectum 5
autem quendam alium adserit esse, qui descendit in mundum
salutis causa hominum, Helenam illam, inquit, quae in Tro-
iano bello a poëtis uanissimis edita nuntiatur. Et uirtutes, 6
inquit |, quae mundum fecerant, concupiscentia ductae illius
Helenae seditionem mouebant. Ista enim dans, || inquit, concu- 7
piscentiam illis uirtutibus, et in figura feminea apparens,
ascendere in caelum non poterat, quia uirtutes in caelo quae
erant non eam permittebant ascendere; expectabat autem
uirtutem aliam, id est Magi ipsius Simonis praesentiam,
quae eam saluaret adueniens. Ligneum etiam equum, quem 8
poëtae uanissimi dicunt in Troiano bello fuisse, per allegoriam
adserit quod illa machina ignorantia erat uniuersarum gen-
tium impiarum, cum constet illam Helenam, quae cum Mago
erat, de Tyro meretricem fuisse, hancque eundem Simonem
Magum fuisse secutum, et cum eadem diuersas magias
diuersaque scelera perpetrasse. Qui cum fugeret beatum 9
Petrum apostolum de Hierusolimitana ciuitate Romamque
deueniret, ibique pugnaret cum beato apostolo apud Neronem
regem, deuictus undique oratione beati apostoli atque per-
cussus ab angelo sic meruit interire, ut eius magia euidens
ac mendacium cunctis hominibus patefieret.

II

Post hunc Menandrus quidam nomine * qui discipulus XXX
factus ipsius, impietatem est eius secutus in omnibus. |

3 a̤ *A* <*se*> *addidi ex Epiphanio p. 60 A 56 C* **4** praeditis *excciderunt ueluti haec:* se cum de caelo descenderet et angelos fecisse **8** concupiscentię *A* **9** inquit *om A in fine paginae* **10** feminae *B* **12** exspectabat *B* **14** quem *B* quae *A* **16** asserit *B* uniuersarum—erat *om B*[1], *in marg inf add* **18** metricem *B*[1] **23** ratione *A* **24** magiae uidens *B* **25** antefieret *A* **27** *post* nomine *in A litterae* qui discipul *erasae* *excidit* fuit **28** factus—omnibus *in ras B*

III

XXXI Post istum Saturnilus quidam et ipse sumens inde fomenta
doctrinae mortiferae adserebat dicens mundum ab angelis
factum, et‖distare angelos a uirtute illa et mundum esse
diuisum per ordinem angelis, et cogitasse eos ut facerent
2 hominem. Fecerunt itaque hominem, et opus ipsorum, inquit,
erat homo; de uirtute enim superna lumen fuisse dimissum,
quod inluminauit mundum istum et ad concupiscentiam
3 adduxit angelos, statimque ascendit in caelum. At illi cupidi
luminis ipsius facti uirtutem eius uidere cupiebant; non
praeualentes autem adinuicem dixerunt: Faciamus hominem ad imaginem et similitudinem nostram. Et
4 facto homine, quia inpotens erat, saluari non potuit. Videns
itaque uirtus superna quod illi hoc fecerunt, misit scintillam,
quae correxit hominem et suscitauit et fecit eum uiuere.
5 Scintillam itaque uolunt saluari, alia autem uirtutibus illis
6 quae fecerunt dimitti ac derelinqui suspicantur. Christum
autem umbraliter apparuisse adfirmant, non carnem hominis
ueram et animam accepisse, atque omnem oeconomiam mysterii
saluato|ris ita complesse.

IV

XXXII Post istos Basilides, ** qui et heresiarches dicitur a multis,
quia de lege et prophetis et apostolis proponendo et loquendo,
sentiendo autem aliter, iura uiolabat Christianae ueritatis.
2 Qui cum uenisset Aegyptum, docebat ita definiens: de innato

11 Gen. I 26

4 factum et *B* factum esse *A* **6** inquit ipsorum *B* **7** lumen *A* lumen (*in ras*) dicunt *B* **8** inluminabit *A* **10** ipsius luminis *B* **12** ad *A* secundum *B* nostram *falso additum esse adnotat Fabricius* **13** impotens *B* **14** fecer̄ *B* fecerant *A* **16** Scintillam—complesse *om A*[1], *in marg inf add* itaque *B* ////taq; *A* saluatori *A* aliā *A* **18** affirmant *B* **19** oechonomiā *A* miste///ii *A* mysteriis *B* **22** *excidit* quidam surrexit heresiarces *A* **23** quia *B* qui *A* **24** xp̄iana *A* **25** dicebat *A*

et solo deo natum fuisse Intellectum, de Intellectu Verbum,
de Verbo Sensum, de Sensu autem Virtutem et Sapientiam,
de Virtute autem et Sapientia Principatus et Potestates et
angelos factos diuersos. Ipsi enim angeli fecerunt, inquit, 3
caelum, post illos ‖ alii angeli fecerunt caelum *, ita ex aliis
alii prolati fecerunt tertium caelum. Qui secundum ordinem:
et alii, inquit, fecerunt trecentos sexaginta quinque caelos.
Et imponit uirtutibus illis nomina angelica, et ipse magiis 4
uacans itidem multos imperitos decipit. Hominem autem ab
angelis factum adserit: deum etiam uerum omnipotentem, et
eum audet angelum dicere, et accepisse genus Iudaeorum in
hereditatem, et eduxisse eos de terra Aegypti. Hic ergo 5
audacior factus, elatus est, inquit, aduersus ceteros angelos, |
et uolens in subiectionem habere alios, habuit contrarias
gentes, quas commouerunt uirtutes inimicae eius. Ideo et 6
contra Iudaeos diuersae gentes, inquit, surrexerunt. Christum
autem dicit quasi per umbram putatiue passum fuisse. Simonem etiam Cyreneum pro eo ad passionem uenisse adfirmat.
Ipse enim, inquit, portauit crucem. Hic etiam male permittit 7
uiuere, et dat licentiam uitiis saecularibus inherere. Prohibet
etiam pati martyrium homines pro nomine Christi domini,
dicens ita: Ignoras quid desideras. Non enim passus est,
inquit, Christus, neque crucifixus est. Quomodo itaque potes, 8
inquit, confiteri hunc ‖ crucifixum, cum non sit crucifixus, et
ignoras qui passus sit?

V

Videamus et Nicolaus Antiochenus aduena qua est deceptus XXXIII
amentia. Qui sub apostolis fuit atque ab eis est electus dia-

19 Matth. XXVII 32

2 uirtutem et] et uirtutem *A* et uirtute *B*, *corr Fabricius ex Epiphan. p. 69 B* 5 *scribi oportuit* alii angeli de illis geniti *excidit* alterum 8 illis/// *A* 9 uocans *A* imperatos *A* 10 et eum *B* eum *A* 14 subunctionē (i) *A* 15 inimice *A* 17 per *om A* symonem *A* 18 cirineum *A* 19 crucem *A* eius crucem *B* 22 ignorans *B* 23 inquit *om A*[1] potest *A* 27 antichenus *B*

conus septimus, ut scriptum est in Actibus Apostolorum,
posteaque recedens ab eis atque a sana doctrina diuersis
2 erroribus et fallaciis pessumdatus est. Qui fuit primum cum
apostolis et Stephano beatissimo martyre, qui dicit et ipse
uirtutes esse plurimas; unde et Gnostici, qui scire se | aliquid
putant, maxime emerserunt. Isti Barbelo uenerantur et Noram
3 quandam mulierem, alii autem ex eis Ialdabaoth quendam,
alii autem Calacaun hominem. Dicunt autem et dogma po-
4 nentes ista: Ante, inquit, erant solum tenebrae et profundum
et aqua, atque ex his diuisio facta est in medio, et spiritus
separauit haec elementa. Tunc ergo tenebra*e* in*r*uentes in
spiritum genuerunt quattuor Aeonas, et isti quattuor genue-
5 runt alios quattuor Aeonas. Hoc autem dextra atque sinistra,
lux, inquit, sunt et tenebrae. Quendam etiam concubuisse
cum illa muliere et uirtute dicunt, de qua nati sunt dii, et
6 homines, et angeli, et septem spiritus daemoniorum. Addunt
etiam prophetas || quosdam natos de ea, speciosum nomine et
7 Barcaban. Alii autem euangelium consummationis et uisiones
inanes et plenas fallaciae et somnia uidere diuersa adserunt
delirantes.

VI

XXXIV Alii autem ab Iuda traditore instituerunt heresim, dicentes
bonum opus fecisse Iudam quod tradiderit saluatorem. Hic
enim, inquit, nobis omnis scientiae bonae auctor extitit, per
2 quem caelestia nobis mysteria | manifestata sunt. Virtutibus
etenim in caelo nolentibus, inquit, pati Christum, et scien-
tibus quod, si fuerit passus, uitam hominibus donaturus est,
hoc sciens, inquit, Iudas, quod, si fuerit passus Christus,

1 Actor. VI 5

3 falliciis *B* 5 nostici *A* aliqui *A* 6 barbelum *A* Noriam *Fabricius sed est* νοῦρα *Epiphanii p. 82 C* 7 ualdabaoth *B*[1] ialdabot *A* 8 calacaun *A*[2]*B* calcaun *A*[1] 9 erat *A* solem *A* 11 tenebras inruentes *Fabricius ex Ephiphan. p. 80 A*] intuentes 12 eonas *A*[2]*B* oenas *A*[1] 13 eonas 17 nomine et *B* nomen *A* 20 delerantes *B*[1] 24 omnes *A* 26 enim *A* 27 est *B* et *A*

salutem hominibus adlaturus est, hinc tradidit saluatorem.
Hoc autem malum adsertionis impiae quibusdam uanis et 3
uaecordibus quasi uerisimile uidetur esse interdum, cum sit
in omnibus contrarium et exsecrabile, cum propheta eum
Dauid beatus ante et dominus saluator damnauerit, et beati
apostoli sententiam domini aduersus eum confirmauerint edocentes.

VII

Post istum Carpocras nomine surrexit, et ipse dicens unum XXXV
principium, de quo principio, id est de deo, prolationes
factae sunt, inquit, angelorum atque uirtutum: ‖ quae autem
uirtutes deor*s*um sunt, fecerunt creaturam istam uisibilem
ubi nos, inquit, consistimus. Christum autem dicit non de 2
Maria uirgine et diuino spiritu natum, sed de semine Ioseph
hominem natum arbitratur, deque eo natum carnaliter, sicut
omnes homines, suspicatur. Qui post passionem, inquit, 3
melior inter Iudaeos uita integra et conuersatione inuentus
est; cuius animam in caelum susceptam praedicant, carnem | 4
uero in terram dimissam aestimant, animique salutem soli*us*,
carnis autem non fieri salutem opinantur.

VIII

Cerinthus successit huius errori et similitudini uanitatis, XXXVI
docens de generatione itidem saluatoris deque creatura
angelorum, in nullo discordans ab eo, nisi quia ex parte
solum legi consentit, quod a deo data sit, et ipsum deum
Iudaeorum esse aestimat qui legem dedit filiis Israhel. Docet 2

5 Psalm. LXVIII 26 CVIII 8 Matth. XXVI 24 Ioh. XVII 12 Actor. I 16—25

1 allaturus *B* **2** adsertiones *A* **4** execrabile *B* **11** uirtutem *A* **12** deor*s*um *Fabricius*] deorum **14** uirgine maria *B* sed *om A* **15** arbitrantur A^1 **18** suscepta predicans *A* **19** animeq: B^1 solis *A* solum *B* **20** canis A^1 **22** Cerynthus *B* Cherentus *A* **23** de generatione itidem *B* degenerationem *A* **26** iudeorum *A* iudaeos *B* esse *om A* isrł *B*

autem circumcidi et sabbatizari, et Christum nondum surre-
3 xisse a mortuis, sed resurrecturum adnuntiat. Apostolum
Paulum beatum non accipit, Iudam traditorem honorat, et
euangelium secundum Matheum solum accipit, tria euangelia
spernit, Actus Apostolorum abicit, beatos martyres blasphemat.
4 Hic sub apostolis beatis quaestionem seditionis commouit,
dicens || debere circumcidi homines, cuius causa contra illum et
heresim eius decreuerunt in suis Actibus beati apostoli senten-
5 tiam: non debere iam homines Iudaismo, id est circumcisionis
aliisque talibus superstitionis uanae parere carnalibus, qui de
gentibus uenientes credebant in Christum dominum nostrum
saluatorem.

IX

XXXVII Hebion discipulus eius Cerinthi, in multis ei | similiter
errans saluatorem nostrum hominem de Ioseph natum carna-
liter aestimabat, nihilque diuinitatis in eo fuisse docebat, sed
2 sicut omnes prophetas, sic et eum gratiam dei habuisse
adserebat, non tamen deum maiestatis et dei patris filium
cum patre sempiternum esse credebat, cum diuinae scripturae
deum sempiternum cum patre uero ac sempiterno ubique
testantur ac praedicant.

X

XXXVIII Post istum Valentinus quidam surrexit, Pythagoricus magis quam Christianus, uanam quandam ac perniciosam doctrinam eructans et uelut arithmeticam, id est numerositatis notitiam

8 Actor. XV 5 *seqq.*

1 resurrexisse *B* 2 ręsurrecturū annuntiat *B* 3 accepit *A*¹ et *om B* 4 accepit *A*¹ 5 apostolum *A* 6 beatis/// (s *erasa*) *A* questione *A* 7 deuire *A*¹ 8 beatis apostolis *A* 9 circumcisioni *B* 10 parare *A* 11 dm̄ *B*² 14 discipulis *B*¹ cerynthi *B* eis *A* 17 eum *B* cū *A* 21 ac praedicant *om A* 23 surrexit quidam *A cum signis transpositionis* pitagoricus *A* 24 uanam quandam *B* Nam quendam *A* 25 eruct///ans *A aut* u *aut* it *erasum* notitiam *A* nouam *B*

fallaci*ssim*am praedicans, multorumque animas ignorantium
captiuauit. Et inprimis quidem fuit in ecclesiam. Elatior 2
autem factus postmodum errore non paruo deceptus est,||
degensque in Cypri prouincia coepit hoc definire: Nihil erat 3
aliud ante, inquit, in mundo, nisi Profundum maris et Silen-
tium, quod poëtae uani Chaos adserunt edocentes, deque hoc
Profundo et Silentio processisse Intellectum et Veritatem, de
Intellectu autem et Veritate Verbum et Vitam, de Verbo
autem et Vita Hominem et Ecclesiam: de Homine autem et 4
Ecclesia processisse duodecim Aeonas, id est Saecula et de
Verbo et Vita | decem Aeonas processisse, de Intellectu autem
et Veritate octo Aeonas, et esse hanc triacontada Saeculorum,
id est triginta Aeonas Aeonon. De ogdoada ergo et decada
et duodecada consistere triginta Aeonas deli*rat*. Dicit autem 5
Christum a patre, quem Profundum nomine appellat, ad totius
mundi salutem fuisse dimissum, deque caelo eum carnem 6
detulisse, nihil autem accepisse de sancta uirgine, sed ut
aquam per riuum, ita transisse per eam adfirmat. Animam
ergo solam saluari, corpus autem hominis non saluari arbi-
tratur.

XI

Alii sunt successores ipsius: Ptolemeus, qui doctrinam XXXIX
aeque uanam intulit, dicens quattuor esse Aeonas, et alios
quattuor, nouum quid uolens commenti falsi decernere quam
Valentinus doctor eius est ementitus. |

1 fallaciam **2** ecclesia *B* **5** silentium quod *B* silentium maris et silentium quod *A* **6** chaus *A* **9** uita *B* uite *A* **10** ecclesiā *A*¹ eonas *A* **11** decem aeonas *B om A* **13** XXX^τα *B* ogdo'adę *B* ocdoada *A sed o media ex* a *facta* **14** et duodecada *om A ubi in marg* d *littera* XXX^τα *B* delirat *Cotelerius*] deliberat **16** dequae *A* **17** accessisse *A* **18** ito *A* affirmat *B* **19** sola *A* **22** ptholomeus *B* **23** eonas *A* **24** uoluens *B*¹

XII

XL Post hunc quidam Secundus nomine Aeonas similiter docens adserit factos infinitos, Christum autem quasi per fantasiam apparuisse id est ueluti umbram humano generi, et non ueram carnem hominis habuisse suspicatur.

XIII

XLI Post hunc Heracleon discipulus ipsius surrexit, dicens principium esse unum, quem deum appellat, deinde de hoc natum aliud, deque his duobus generationem multorum adserit principiorum, cum suis | itidem delirans doctoribus.

XIV

XLII Marcus autem quidam post istum successor eius numerum
et mensuram et cauculum, rationem etiam computationis
faciens litterarum, quasi uerisimilis et cuiusdam rei nouae
inuentor, cum aestimaret a quibusdam se posse laudari, non
in paruam itidem erroris incurrit amentiam. Dicit enim ita:
2 Viginti quattuor, inquit, litterae sunt, quae perfectionem
habent omnium rerum. Propter quod et Christus, inquit,
dicebat: E g o s u m A e t Ω. Dicebat etiam quod in postremo
tempore Christus descendit ad Iesum in figura et similitudine
columbae, et Christum ipsum columbam esse docebat, quae
3 descendit, inquit, ad duodecim Aeonas, id est ad duodecim
apostolos, et unum ex eis cecidisse, id est Iudam, aestimabat.
Christum autem putatiue dicit apparuisse, et passum fuisse
quasi per umbram, || non tamen uere passum corpore arbitratur.

19 Apoc. I 8 XXI 6 XXII 13

3 factos adserit *B* **7** heracheon *A* **8** de *om A* **9** aliut *A* **12** post *om A* **16** in *om* B^1 **17** inquit *om A* **19** Dicebant *A* **21** ipsam *A* dicebat *A* **22** inquid A^2 in A^1 **25** corpore *om A* arbitratum *A*

XV

Post hunc Colorbasus ** qui similiter in litteris et numero XLIII
elementorum astrorumque septem uitam omnium hominum et
generationem consistere adserebat, non in Christi maiestate
et potentia, neque in ipsius carnali praesentia ueram hominum
sperari salutem aduertebat.

XVI

Cerdon autem quidam surrexit post hos, peius suis docto- XLIV
ribus praedicans |, qui cum uenisset Romam de Syria, ausus
est dicere duo esse principia, id est unum deum bonum et
unum malum, et deum quidem bonum bona facere, et malum
mala. Iesum autem saluatorem non natum adserit de uirgine, 2
nec apparuisse in carne, nec de caelo descendisse, sed puta-
tiue uisum fuisse hominibus, qui non uidebatur, inquit, uere,
sed erat umbra: unde et putabatur quibusdam pati, non
tamen uere patiebatur.

XVII

Marcion autem discipulus eius, genere Ponticus, de ciuitate XLV
Sinope, urbem Romam deuenit, ibique degens sceleratam
heresim seminabat, atque interrogans presbiteros sanctos eccle-
siae catholicae sensus sui eis erroris mortiferi proponebat,
dicens ita: Quid est, inquit, quod in euangelio dicente domino
scriptum est: Nemo pannum rudem mittet in uestimen- 2
tum uetus, neque uinum nouum || in utres ueteres,
alioquin rumpuntur utres, et effunditur uinum? Et
iterum: Non est arbor bona quae facit malum fructum,

23 Luc. V 36 26 Luc. VI 43

2 colorbasus qui *A* color bassus *B* *excidit* quidam surrexit 4 asserebat *A* 5 in ipsius *B* ipsius *A* uera *A* 9 predicant *A* de syria *B* desideria *A* 13 nec de caelo *B* nedecelo *A* putatiue—sed *om A* 16 tam *A* 20 presbyteros *B* 21 errores mortiferi *A* errorem mortiferum *B* 23 mittit *B* 25 aliumque *A* rumpentur *B* effuditur *A* effundetur *B* 26 faciat *B*

3 |neque arbor mala quae faciat bonum fructum. Deque
hoc accipiens interpretationem a sanctis presbiteris non adquie-
scebat ueritati, sed magis Cerdonis sui doctoris firmabat
mendacium et iste similiter unum deum bonum et unum
4 malum adnuntians; Christum autem putatiue apparuisse, id
est quasi per umbram, et passum eum fuisse umbraliter, non
5 tamen in uera carne credebat. Cata Lucan autem euangelium
solum accipit, non alia euangelia, nec epistolas beati Pauli
6 apostoli, nisi ad Timotheum et Titum; quae enim de Christo
dicunt *ut* de deo uero, praeterit, quae autem quasi de homine
dicunt scripturae, ea accipit capitula, et neque Christum
7 iudicem esse omnium confitetur. Qui deuictus atque fugatus
a beato Iohanne euangelista et a presbiteris de ciuitate Efesi
Romae hanc heresim seminabat.

XVIII

XLVI Lucanus quidam post istum similia Marcioni statuens ac decernens, ut ille doctor ipsius Marcion, est in omnibus ementitus.

XIX

XLVII Fuit Apelles discipulus eius, similia in quibusdam | Marcioni
praedicans, qui interrogatus a quibusdam quo modo de fide
sentiret, respondit: || Non mihi opus est dicere a Marcione, ut
2 duo principia adseram coaeterna: ego enim unum principium
esse praedico, quem deum cognosco, qui deus fecit angelos,
fecit etiam alteram uirtutem, quem deum scio esse secundum,
3 qui et uirtus dei est, quae fecit mundum. Hic autem deus,

2 presbyteris *B* 3 ueritatis *A* 5 annuncians *B* 8 Pauli apostoli *A Sichardus* apostoli Pauli *B* 10 ut *Sichardus* et *B om A* 13 presbyteris *B* ephesi *B* fesi A^1 *praeposita* e *m 2* 14 seminauit A^1: *uerba* Qui deuictus *seqq. ad Nicolaum aut Cerinthum aut Ebionem uidentur pertinere: dormitauit etiam de Pauli epistulis supra narrans* 16 post istum quidam *B* statuest *A* 17 utile *A* marcio B^1 20 appelles *B* 21 quonam modo *B* 22 discere *Cotelerius: conf 55, 4* 23 coaeternā *B*

qui fecit mundum, non est, inquit, bonus, ut ille qui fecit
eum: subiectus autem est deo illi a quo et factus est iste,
qui et nutui et iussioni et praeceptis paret illius in omnibus.
Cuius Arriani nunc consortes sunt atque fautores, sic praedi- 4
cantes atque sentientes. Dicit autem Christum in carne appa-
ruisse, non tamen, sicut Valentinus, de caelo carnem deposu-
isse. Ait etiam post passionem non carnem surrexisse, sed de 5
quattuor elementis, id est de sicco calido umido et frigido ac-
cepisse Christum et in resurrection*e* iterum reddidisse elementis 6
quae de mundo acceperat, | eaque in terram dimisisse, ipsum
autem in caelum sine carne ascendisse adserit. Sub apostolis
itaque hae fuerunt hereses per ordinem.

XX

POST DECII AUTEM PERSECUTIONEM fuit Tatianus quidam, XLVIII
discipulus sancti Iustini martyris, qui recessit a ueritate post
passionem ipsius, doctrinamque tanti sancti ac beati martyris
et magistri contempsit in omnibus, dicens || Aeonas quosdam
de caelo fuisse prolatos, addens etiam hoc, Adam patrem
nostrum protopl*a*stum non saluari. Aeonas autem nuntians 2
sicut Marcion delirauit. Qui etiam generationem hominum
execratur, et ius nuptiarum legitimum abicit, idque iuris a
deo sta*tu*tum non confitetur.

5 Augustin. de haeres. 23: Hunc Apellem dicunt quidam etiam de Christo tam falsa sensisse ut diceret eum non quidem carnem deposuisse de caelo, sed ex elementis mundi accepisse: quam mundo reddidit quod sine carne resurgens ascendit in caelum.

2 eum *B* illum *A Sichardus* est autem *cum signis transpositionis A* **3** iussione *A* **4** factores *A*[1] sit *A*[1] **6** deposuisse *AB conf* 21, 4 desumpsisse *Sichardus alii* deposuisse *iam legerat Augustin. de haeres. 23* **8** umido *om A* **9** resurrectionē **12** hac *A* heresis *A* **14** Decii] Adriani *Allatius* Aelii *Fabricius: sed errauit Filastrius, non librarius* tatianus quidam *B* tacianus autē *A* **17** quasdam *A* **18** prolatus *A* **19** protoplaustum *B* protoplaustrum *A sed* r *ante* u *expuncta* **20** delerauit *A* **21** et *B* ut *A* obicit *A* idque *om A* a *om A* **22** statutum *Sichardus*] statum

XXI

XLIX Alii autem post istos surrexerunt cata Frigas, in Frigia
prouincia habitantes. Isti prophetas et legem accipiunt, patrem
et filium et spiritum confitentur, carnis surrectionem expec-
2 tant, quae et catholica ecclesia praedicat: quosdam autem
suos prophetas, id est Montanum nomine, et Priscillam et
Maximillam adnuntiant, quos neque prophetae neque Christus
3 nuntiauit. | Addunt etiam plenitudinem sancti spiritus non per
apostolos beatos Christo dante fuisse concessam, sed per illos
suos pseudoprophetas aestimant inpertitam, et separant se a
catholica ecclesia propter illos suos pseudoprophetas et falsos
4 doctores. Hi mortuos baptizant, publice mysteria celebrant,
Pepuzam uillam suam, quae sic dicitur in Frigia, Hierusalem
appellant, ubi Maximilla et Priscilla et ipse Montanus uitae
5 tempus uanum et infructuosum habuisse dinoscuntur. Ubi et
mysterium cynico*n* et infantis execranda ‖ celebratur impietas.
Dicunt enim eos de infantis sanguine in pascha miscere in
suum sacrificium, suisque ita ubique emittere perniciosis et
falsis satellitibus.

XXII

L Post istos Theodotus quidam, Byzantius genere, denegator
Christi dei nostri in persecutione extitit saluatoris, qui coepit
dicere, docens ita: Communis, inquit, homo erat ut omnes homi-
2 nes Christus. Hoc autem dicebat, ut denegationis obprobrium
ab hominibus non amplius pateretur, cogitans quod si qui ei
diceret: Quare negasti Christum deum ac dominum? diceret
3 quod: Hominem negaui, non deum. Isti utuntur capitulis

2 catafigas *A* catafrygas *B* frygia *B* 4 confitetur *A* resurrectionem exspectant *B* 5 catholicae *A*[1] 7 adnuntians *A* annuntiant *B* 8 sancti *B* non sancti *A* 10 uos pseudopropheta *A* 11 propter *A* pro *B*: *conf ad 51, 2* pseudoprophetas *B* prophetas *A* 13 pepugā *A* 14 maximillā *A* uitae *B* uita et *A* 16 cynico*n*] cynicorum: *conf Tertull. ad nat. I 16 cod A Filastrii subscriptio* celebrabatur *B*[2] 17 sanguinē *A* 18 et falsis *om A* 21 byzan *A* denegatur *A* 22 nostri *om A* 27 negauit *A*

scripturarum quae de Christo ueluti de homine edocent, quae autem ut de deo dicunt, ea uero | non accipiunt, legentes et nullo modo intellegentes, impietatisque paganae et caecitatis Iudaicae consortes se potius quam Christianae salutis participes demonstrantes.

XXIII

Sunt alii dicentes metangismon, id est filium intrare in LI
patrem et ut uas in uase inesse, ignorantes quid adserant,
cum saluator non dixit filium in patrem intrare, sed † aequa-
litatis causae in diuinitate et potentia docuerit, non introitum
aut continentiam, ut illi insaniunt id sentientes, et non intel- 2
legentes, quod qualis || inmensus est pater, talis est et filius,
talis est et spiritus sanctus, aequalis in omnibus, ita ut sit 3
immobilis trinitas, inmensa et omnipotens atque sempiterna ubique quae nobis nuntiatur e sanctis scripturis apertissime, ut et sint tres personae uiuentes in perpetuum, et aequales in omni maiestate et potentia, filius tamen et sanctus spiritus de patre sint proprie.

XXIV

Post istos alii recedentes ab his dixerunt similia, addunt LII
etiam Melchisedech sacerdotem dicentes uirtutem dei magnam

7 *exscripsit* Augustin. de haeres. 58 9 Ioh. XIV 12 XVI 28 XVII 13 (R. A. Lipsius)

4 salutes A^1 7 metangesmon *A* 8 asserat *A* 9 intrare in patrem *cum signis transpositionis A* aequalitatis causam *Sichardus: locus corruptus, expectamus* aequalitatem qualitatis suae 11 illi *A* illi aestimant impertitam. et separant se a catholica ecclesia pro illos suos pseudoprophetas *B ex 49, 3 ubi in archetypo cod B omissum fuerat et in marg adnotatum, a librario postea bis perperam est inlatum* id sentientes *B* adsentientes *A* 12 immensus *B* 13 est et spiritus *B* et spiritus *A* 14 sempiterne B^1 sempiterna A^1 15 quae nobis *B* nobis *A* e *A* et *B*: *conf. Epiphan. p. 483 D extr.* 16 ut et *A* ut *s. s.* et *B* aequalis *A* 17 spiritus sanctus *AB, sed in B signa transpositionis addita*

esse, et nomina quaedam diuersa hominum adserunt a fide catholica dissonantes.

XXV

LIII Alii autem Noëtiani ** insensati cuiusdam nomine Noët*i*, qui dicebat patrem omnipotentem ipsum esse Christum, et ipsum natum et ipsum passum et ipsum mortuum | fuisse in corpore. Hic etiam dicebat se Mosen esse, et fratrem suum Heliam prophetam.

XXVI

LIV Sabellius post istum, de Libia, discipulus eius, similitudinem sui doctoris itidem secutus est et errorem, unde et Sabelliani postea sunt appellati, qui et Patripassiani, et Praxiani a Praxea et Hermogene, qui fuerunt in Africa, qui et ita sentientes abiecti sunt ab ecclesia catholica.

XXVII

LV Quae est haec uanitas Galatarum, Seleuci et Hermiae || hereticorum? Qui cum uolunt deum esse incorporeum, hylen etiam, id est materiam mundi coaeternam esse cum deo adserunt, et materiam quidem elementorum — quae est sine

10 Augustin. de haeres. 41: Filaster autem Brixanus episcopus in prolixissimo libro quem de heresibus condidit † et CXXVIII hereses arbitratus est computandas, Sabellianos continuo post Noëtianos ponens, Sabellius, inquit, discipulus eius, qui similitudinem sui doctoris itidem secutus est: unde et Sabelliani postea sunt appellati qui et Patripassiani et Praxiani a Praxea et Hermogene: qui fuerunt in Africa qui et ista sentientes abiecti sunt ab ecclesia catholica. Certe iste eosdem postea Sabellianos dixit appellatos qui ea quae Noëtus sentiebant et alia nomina eiusdem sectae commemorauit et tamen Noëtianos et Sabellianos sub II numeris tamquam duas hereses posuit: qua causa ipse uiderit. 16 *exscripsit* Augustin. de haeres. 59

4 *<surrexerunt qui fuerunt discipuli> supplendum ex Hippolyto p. 43, 10 ed. Lagarde* Noeti *Fabricius*] noetiani 7 mosen *in ras V litterarum A* 10 libya *B* 13 prexea *B* hermogeni *A* qui et *B Augustinus* et *A* 16 seleuce *A* 17 corporeum *B*

anima, inrationabilis scilicet, quae facta est a deo patre per 2
filium ex nihilo, ut possit esse quae ante non erat — non
ita accipiunt; spiritum autem hominis, id est animam non
factam a deo per filium, sed de terra esse aiunt; malum 3
autem quondam a deo, quondam esse a materia adserunt.
Saluatorem autem in carne negant sedere ad dexteram patris,
sed expoliasse carnem, et posuisse in solem aestimant; quia
dixit propheta, cum nesciant quid dixerit: In solem posuit
tabernaculum | suum. Paradisum uisibilem negant a Pla- 4
tone, et isti uanitatibus seruientes, et animas hominum de
igne et spiritu esse aestimantes. Isti baptismo non utuntur,
propter uerbum hoc quod dixit Iohannes beatus baptista:
Ipse uos baptizabit in spiritu et igni. Isti angelos 5
dicunt creatores esse animarum nostrarum, non Christum
saluatorem; mundum autem istum infernum esse adserunt,
et resurrectionem in filiorum procreatione hanc esse praedicant
quae fit in humano genere cottidie, non illam inmortalitatis
futuram atque gloriosam adnuntiant expectantes.||

XXVIII

Alii sunt discipuli horum, qui Proclianitae uocantur et LVI
Hermeonitae. Addunt etiam diuersos errores, docentes, quod
in Ezechiel propheta scriptum est, inquit, de quattuor animalibus, quod leonem regem esse Parthorum, uitulum Aegyptiorum, aquilam Romanorum, hominem uero piissimorum
tenere similitudinem arbitrantur. Hi Sapientia libri utuntur 2

8 Psalm. XVIII 6 9 Plato Phaedo p. 109 B 111 C 114 C 13 Matth. III 11 Luc. III 16 20 *exscripsit* Augustin. de haeres. 60 23 Ezech. I 5 *seqq.*

1 quae *in ras A* 4 a *om A* 5 a materia *B* materiā *A* 8 sole *B* 11 ignem *A* 12 iohannis *A* 13 baptizauit *A* igne *B* 14 creatoris *A*¹ 17 cotidie *B* immortalitatis *B* 18 annuntiant exspectantes *B* 20 proclinia tȩ *A* uocantur *A* appellantur *B* 21 diuersus *B* ducentes *A* 22 in *om A* hiezechiel *B* prophetam *A* 23 rigem *A* Parthorum *Fabricius* pasthorum *B* pastorum *A* 25 Hi *A* In *B*

Sirach illius qui scripsit post Solomonem, id est post multa
tempora, librum unum Sapientiae, Christum autem in carne
uenisse negantes, resurrectionem et iudicium | non sperantes,
3 de uirgine natum eum non credentes. Qui in locis Galatiae
commorantur, et ut uulpes latitantes plurimos depraedantur,
sicut Solomon testatus est, dicens: Prendite nobis uulpes minimas, exterminantes uineas domini saluatoris.

XXIX

LVII Alii sunt qui Floriani siue Carpocratiani dicuntur, qui et
Milites uocantur, quia de militaribus fuerunt, negantes iudicium atque resurrectionem, Christum natum de uirgine non credentes, omnemque resurrectionem in filiorum procreatione nefandi coitus aestimantes consistere, ut in ecclesia sua post occasum lucernis extinctis misceri cum mulierculis non dubi-
2 tauerint, || legis praeceptum implere putantes: Nascimini et
multiplicamini, Iudaismo potius et paganitati parere nefandae quam Christianae ueritati adquiescere properantes, pecudumque uitam potius et amentiam detinentes, quos et scriptura uitae pecudum comparauit.

XXX

LVIII Alii sunt, qui de die paschae saluberrima ambigunt, adse-
rentes quartadecima luna celebrandum esse pascham, non
sicut ecclesia catholica celebrat, et mense Martio semper
2 celebrandum adserunt; | et cum hoc faciunt, diem non domi-
nicam semper custodiunt paschae, non computantes horas et dies, sed secunda aut tertia aut quarta aut quinta aut sexta

6 Cantic. II 15 16 Genes. I 28 19 II Petr. II 12 Iud. 10

1 salomonem *B* 2 in *om A* 3 negantes *B* et negantes *A* 6 salomon *B* 7 uineā *B* 11 quia *B* qui *A* 14 coetus *B* ut *om A* 15 occasum *A* occasum solis *B* 16 nascemini *B* et *om A* 17 parare *A* 18 xpiana ueritate *A* 19 pecodumque uita *A* 20 pecodum *A* 23 celebrandam *B* 25 celebrandum *B* celebrat. Nondum *A*

die celebraut, et ex hoc errore non cognoscunt diem paschae 3
domini nostri ueram et salubrem unam, orbi terrarum statu-
tam et confirmatam a domino cursu, numero lunae, mensibus,
embolismis, et cum haec non conputant, ignorant quid
celebrant.

XXXI

Alia est heresis Chiliontaëtitarum, id est mille annorum: LIX
quae docet ita: Cum uenerit Christus de caelo, inquit, mille
anni illi erunt nobis iterum carnaliter ad uiuendum, generan-
dum et manducandum, sicut fit nunc in hoc saeculo cottidie;
ignorantes escam caelestem, id est inmortalitatis illud prae- 2
mium adfuturum, non hoc caducum et transiens, ‖ cum et
dominus in euangelio Iudaeis quibusdam hoc suspicantibus,
Nescitis, inquit, scripturas et uirtutes earum igno- 3
rantes: nam in die iudicii non nubent, neque nuben-
tur, sed erunt sicut angeli. Et iterum apostolus dicit:
Non est regnum dei esca et potus, sed iustitia, pax,
gaudium in spiritu domini sempiternum. |

XXXII

Alii post hos sunt heretici qui euangelium cata Iohannem LX
et Apocalypsin ipsius non accipiunt, et cum non intellegunt
uirtutem scripturae nec desiderant discere, in heresi perma-
nent pereuntes, ut etiam Cerinthi illius heretici esse audeant 2

14 Matth. XXII 29 *seqq.* **17** Rom. XIV 17

1 die *B* dies *A* **2** nostri *B* non *A* **3** numerum *B* **4** computant *A* **7** chiliontae titarum *B* chilonitarū *A* **8** qui *A* **10** tunc *B* cotidie *B* **11** immortalitatis *B* **12** affuturum *B* cum et *A*. cum *B* **14** uirtutem *B* ignorantis B^2 **15** nubuntur *B* **16** sed erunt *om A* **17** pax *A* pax et *B* **20** *Tractauit hoc caput Th. Zahn hist. canonis T. N. II p. 236* post hos sunt *B* sunt hoc sunt *A* **21** apocalypsim *B* **23** *uerba* pereuntes—dicere *m1 in A omissa in marg inferiore addita sunt* ut *om A* cerenthi *A*

dicere *** et Apocalypsin ipsius itidem non beati Iohannis euangelistae et apostoli, sed Cerinthi heretici, qui tunc ab apostolis beatis hereticus manifestatus abiectus est ab ecclesia.

XXXIII

LXI Manichei post hos de Persida a Mane *n*omine siue Tur-
bone ita dicto surrexerunt, fomenta de illis perniciosa su-
2 mentes prioribus, qui duos deos, unum bonum et unum
malum esse adserentes, et pugnam inter deum et deum esse
praedicantes, et hominis quidem animam de deo esse proprie
3 putantes, corpus autem a diabolo factum arbitrantur, resurrec-
tionem negantes, iudicium non sperantes, daemones colentes,
elementa adorantes, deorum dearumque nomina, ut pagani,
inuocantes, et masculofeminas quasdam || esse docentes et utri-
usque naturae participes, et nefandae turpitudini seruientes.
4 Qui ab Archelao sancto episcopo in disputatione superati,
abiecti | atque notati, manifestati sunt uniuersis in illo tem-
pore, et ut latrones iam sub figura confessionis Christianae
multorum animas mendacio ac pecudali turpitudine non
5 desinunt captiuare: qui et in Hispania et quinque prouinciis
latere dicuntur, multosque hac cottidie fallacia captiuare.

XXXIV

LXII Alii sunt Patriciani, a Patricio quodam, qui fuit in urbe
Roma. Hi carnem hominis non a deo factam adserunt, sed a
2 diabolo arbitrantur. Hanc etiam contemnendam et modis

23 *exscripsit* Augustin. de haeres. 61

1 *** *excidere* et euangelium cata Iohannem: *lacunam et Zahnius agnouit* et apocalypsin *B* apocalypsin *A* ipsius *om B* **2** cerynti *B* cerenthii *A* **3** abectus *B*[1] **6** *n*omine] homine **7** perniciosa *B* pernitiosis *A* sumentis *A* **12** demones *A* daemonia *B* **14** masculos feminas *A* **15** turpitudinis *A* **21** ac *A* cotidie *B* fallacias *A* **24** romā *A* hii *A*

omnibus abiciendam decernunt, ut etiam ultro quidam de eis sibi mortem inferre non dubitauerint.

XXXV

Symmachiani alii disciputi istius eadem sentientes in omni- LXIII
bus, non sperantes iudicium, uitiis saecularibus et carnalibus
concupiscentiis praedicant seruiendum.

XXXVI

Paulus quidam fuit Samosatenus post hos in Syria, qui LXIV
uerbum dei, id est Christum deum dei filium substantiuum
ac personalem et sempiternum esse cum patre denegabat,
prolatiuum autem, id est quasi aëra quendam dicebat, non
tamen personam uiuam filii sempiternam cum sempiterno ||
patre credendam docebat. Hic Christum hominem iustum, 2
non deum uerum praedicabat, iudaeizans potius, qui et circum-
cisionem docebat; unde et Zenobiam quandam | reginam in
oriente tunc temporis ipse docuit iudaeizare.

XXXVII

Post istum Fotinus doctrinam eius secutus in omnibus LXV
similiter praedicabat, inque hoc mendacio perseuerans proiectus
est de ecclesia Sirmiensium ciuitatis, a sanctis episcopis
superatus.

18 Augustin. de haeres. 45: Filaster autem continuatim ponit ambos (*i. e. Paulum et Fotinum*) sub singulis et propriis numeris, quasi hereses II, cum dicat Fotinum in omnibus Pauli secutum fuisse doctrinam.

1 ultra *A* 4 istius *in ras B* 6 praedicans *A* 8 samosatenus *B* (us *in ras*) samostanus *A* in siria *B* syriā *A* 9 subsumtiue ac personale *A* 13 patrem credendam esse docebat *A*, *sed* esse *expunctum* 14 predicat *s. s.* ba *A* iudaizans *B* 15 docebant *A* regina ioriente *A s. s.* n 16 iudaizare *B*

XXXVIII

LXVI SUNT ARRIANI ab Arrio presbitero Alexandriae ciuitatis, qui
sub Alexandro episcopo bonae memoriae fuit et Constantino
sancto imperatore bonae memoriae, dicens filium dei deo
2 similem: nomine tenus similem autem dicens, et non de
ipsius patris diuina credendo substantia, heresim periculosam
incurrit. Nam et creatura similis deo dicitur, cum dicat scri-
ptura: Faciamus hominem ad imaginem et similitu-
3 dinem nostram. Non tamen est homo aut angelus de deo
proprie ac naturaliter, id est de diuina illa substantia patris
inenarranda et sempiterna genitus, ut unicus filius, qui genitus
est de patre proprie sempiternus, sed homo et angelus facti
4 sunt ex nihilo. Filius autem cum sit uerus, oportet ut de
diuina illa substantia || patris genitus cognoscatur. Verus enim
deus alio modo esse non potest filius unicus nisi sit de patris
5 illa diuina substantia proprie genitus. Sempiterna similitudo
itaque filii est secundum opera, quia sicut facit | pater,
et filius similiter facit omnia de ipsius qualitatis
diuina substantia genitus, quia de ipso natus est proprie
sempiternus, non factus ex nihilo, ut homo et angelus aut
creatura aliqua quae est ⟨*in*⟩ omnibus occidens.

XXXIX

LXVII Alii sunt Semiarriani. Hi de patre et filio bene sentiunt,
unam qualitatis substantiam, unam diuinitatem esse credentes,
spiritum autem non de diuina substantia, nec deum uerum,
2 sed factum atque creatum spiritum praedicantes, ut eum

8 Genes. I 26 **17** Ioh. V 19 **23** *exscripsit* Augustin. de haeres. 52

2 presbytero *B* **5** *ante* nomine hab *erasum in B* **7** creaturas similes *A* **13** ut *om B* **17** est *A* et *B* **18** de ipsius *A* et de ipsius est *B* **19** propiae *A* **20** aut *B* ut *A* **21** quae est omnibus occidens *A* est quae omnis accidens *B* in *addidi* **23** bene *om A* **25** de *om A* **26** eum *B* cū *A*

coniungant et comparent creaturae, cum Christus dominus
patri et sibi in fide baptismi salutis aeternae coniuncxerit,
eumque cum patre et filio cunctis credentibus adorandum
iusserit, omnique saeculo deum uerum praedicandum sta-
tuerit: non intellegentes quod euangelista cum dicit: Omnia 3
per ipsum facta sunt, et sine ipso factum est
nihil, non de spiritu sancto dicit, quasi factum spiritum
per filium. Nam propheta trinitatem omnia fecisse uisi- 4
bilia || et inuisibilia definit, dicens: Verbo domini caeli
firmati sunt, et spiritu oris eius omnis uirtus
eorum. In omni itaque creatura, quae facta est per spiritum,
non aliquid praetermisit quod non per eum factum sit; alio- 5
quin in fide seruus cum domino | non iungeretur, si esset
creatura diuinus et sanctus spiritus. Cuius causa omnis scri-
ptura et dominus concedi omnia peccata hominibus praeter
blasphemiam diuini et adorandi spiritus caelesti sententia
pronuntiauerat.

XL

Eunomiani post hos ab Eunomio discipulo Arrii, in omni- LXVIII
bus inimici uerae fidei, aiunt tres esse diuersas qualitatis
substantias, ut auri, argenti et aeris, et patrem quidem
fecisse filium, et iterum filium, qui est creatura, fecisse,
inquit, spiritum sanctum: et adserunt filium non patri esse 2
similem, quia creatura est, neque spiritum filio similem, quia
a filio factus est, impietati paganae et iniquitati Iudaicae
consentientes apertissime quam Christianae doctrinae ac fidei
catholicae parere uolentes.

5 Ioh. I 3 **9** Psalm. XXXII 6 **15** Matth. XII 31

2 coniunxerint *A* **3** eumque *B* eum qui *A* **8** trinitate *A* **14** spiritus sanctus *cum signis transpositionis B* scribtura *B* **16** essentia *B* **17** pronuntiauerint *A* pronuntiauerit *B*[2] **19** Anomani *A* **20** qualitates *A* **23** sanctum *om B* et *om A, qui punctum habet post* adserunt **25** est *om A* iniquitate iudaica *B* **26** quam *om A* **27** pugnare *A*

XLI

LXIX Alii sunt qui circa incorporationem aberrant, dicentes non
animam ueram hominis rationabilem accepisse saluatorem,
sed corpus solum hominis, et cum subtrahant animam a cor-
2 pore, ueram denegant hominis salubritatem.|| Quomodo itaque
potest dici anima, quae non sumpta est a saluatore? cum
saluator dicat: Tristis est anima mea usque ad mor-
3 tem. Alioquin anima dici non potuit, nisi esset in eo cuius
et *** causa aduenerat. Itaque haec utraque ⟨*in*⟩ incorpora-
tione saluatoris, id est | corpus erat et anima, quae pro nostra
4 salute dignatus est sumere. Scire nos conuenit quod et ani-
mam ueram hominis habuit, intellectum habentem, et corpus
hominis, sensum carnalem itidem, ut et dolere possit cor-
5 pore et emori. Tamen de sancto spiritu facta haec cognoscitur
caro et creata anima scilicet, sicut scriptum est in euangelio:
Spiritus sanctus superueniet in te, et uirtus
altissimi obumbrabit te: et quod animam ueram
6 habuit *** dicens: Animam meam pro uobis pono: et
de carne passibili ad Thoman: *** quod spiritus non
habet ossa et carnem, sicut me uidetis. Et apostolus
Petrus beatus de saluatore testatus est, dicens: Cuius anima
non derelicta est in infernum, nec caro eius uidit
7 corruptionem. Ex quo autem incarnatus est, et homo
nostrae causa salutis et deus uerus creditur, cognoscitur,
colitur et in ecclesia catholica praedicatur.

7 Matth. XXVI 38 **16** Luc. I 35 **18** Ioh. X 11 **19** <Ioh. XX 27> Luc. XXIV 39 **21** Actor. II 27: *conf* Septuag. Psalm. XV 10

2 incorruptionem *A* **4** subtrahunt *B* **5** hominum *B* **6** nun A^1 sumta *A* a saluatorem *A* **8** cuius et *om* B^1: *exciderunt haec fere*: anima et corpus passum est pro nostra salute cuius **9** ⟨in⟩ *addidi* in corporatione *A* in comparatione *B* **10** erat *om* B^1 **13** ut *om* B^1 **17** obumbrauit *A* te *in ras A*: *s. s.* i **18** *exciderunt haec fere*: dominus ipse declarauit **19** ad thoman *B* ait homan *A*: *exciderunt haec fere*: Infer digitum tuum *e. q. s. apud Ioh. XX 27* Et iterum: Palpate et uidete **21** huius *B* **23** incannatus *A*

XLII

Alii sunt Tropitae qui dicunt conuersum uerbum in carnem, LXX
non intellegentes quod ait apostolus beatus Iohannes: Verbum caro factum est, ‖ et habitauit in nobis; non adtendentes quod uerbum est inmutabile et inconuertibile, id est deus dei filius, caro autem quam accepit | pro nostra salute, ipse eam formando adsumpsit et induit nostrae causa
incapacitatis. Ad eum uisendum itaque res istae in unum 2
coniunctae pro nostra salute non mutationem uerbi in carnem, sed adsumptionem magis rei uisibilis declarabant, ut inuisibilis per uisibilem carnem uideri possit, credi atque cognosci, et ab humano genere capaciter adorari.

XLIII

Alii autem sunt heretici qui circa passionem aberrant, LXXI
dicentes quod in passione dimiserit dominus noster Christus carnem, et sic ascendit in caelum, et non est iam in *ea*,
inquit, diuinitas. Neque enim post passionem resurrexit in 2
carne, neque cum carne ascendit in caelum, cum salus omnis hominis in passione carnis ipsius, et surrectione et ascensione in caelum consistat, sine cunctatione nobis et
credentibus uniuersis; cum et apostolis beati angeli dixerint 3
pro nostra fide ac laetitia in Actibus Apostolorum, quod: Sicut uidistis eum ascendentem in caelum, sic eum iterum sperate uenturum de caelo.

3 Ioh. I 14 23 Actor. I 11

3 beatus *om A* iohannis *B* **4** habitabit *A* **5** immutabile *B* incorruptibile *A* **6** deus *om* B^1 accipit A^1 **7** *uerba* ipse eam— pro nostra salute *in A m1 omissa in marg inferiore addita sunt* adsumsit *A* **8** res istae *B* resistat *A* **9** coniuncta *A* **10** sed *B* sed et *A* declarabant ut *B* declarabunt et *A* inuisibilis (i *extrema expuncta et* e *superscripta*) per uisibilem (*his duobus uerbis superscriptum* declarabant et inuisibiles (e *ultima in* i *mutata*)) *A* **15** dimiserit *om A* dominus *A* deus *B* **16** *ea*] ei *A* carne *B* **17** mquit B^1 **19** hominum *B* resurrectione *B* **20** ascensionem *A* constat AB^1 **23** uidetis *A* **24** sperante A^1

XLIV

LXXII Alii sunt Aëriani, ab Aërio quodam sic appellati, qui abstinentiis uacant, et in prouincia Pamphiliae quam plurimi commorantur, qui et Encra | titae dicuntur, id est abstinentes.
2 Hi non possident aliquid, escas abominantur, quas deus cum benedictione || humano generi tribuit: damnant etiam de lege nuptias, non a deo institutas adserentes.

XLV

LXXIII Alia est heresis Borborianorum, qui uitiis inplicati saeculi et malis concupiscentiis seruientes non sperant iudicium futurum, sed potius carnalem saeculi concupiscentiam laudant.
2 Hi itaque in caenum euntes et inde obliti de caeno, facies et membra sua deformantes, *** eademque cunctis uelut
3 culpandam creaturam dei demonstrantes: cum illa uorago culparum et uitiorum perniciosa damnatio ex hominum uoluntate, non legis diuinae permissione descenderit.

XLVI

LXXIV Alii sunt Artotyritae nomine in Galatia, qui panem et caseum offerunt, non illud quod ecclesia catholica et apostolica celebrat offerendo.

XLVII

LXXV Alii sunt iterum Ascodrugitae in Galatia, qui utrem inflantes ponunt et cooperiunt in sua ecclesia et circumeunt eum insa-

2 Augustin. de haeres. 53 *de Aerianis*: Ab esca tamen carnium non eos abstinere dicit Epiphanius. Filaster uero et hanc eis tribuit abstinentiam. 22 *exscripsit* Augustin. de haeres. 62

2 aeriani *A* aeri *B* 3 pampiliae *A* pamfylia *B* 4 comparantur A^1 encratiten *A* 5 abhominantur *A* 6 damnant etiam *B* damnante iam *A* 9 implicati *B* 10 seruientes *om A* 13 *deesse nonnulla apparet* 14 cum *B* eum *A* uirago *A* 16 permisione *A* 19 offerant *A* et apostolica *om A* 22 Ascodrugitae] *conf L. Diefenbach Origines Europeae p. 426*

nientes potius et bacchantes, sicut illi pagani Liberipatriani,
insanis mentibus more gentilium | furentes, et non intellegentes
quod ait saluator, utres nouos sumendos, inque eos
nouum uinum mittendum, non in ueteres. Et cum 2
suis caecitatibus properant inseruire, ali*eni* modis omnibus
Christianae salutis repperiuntur, cum apostolus deiciat || iustificationem illam Iudaicam carnalemque uanitatem, Christi
autem ueram et plenam confirmat s*ent*entiam dicens: Vetera
transierunt, ecce noua omnia per Christum facta
sunt. De lege enim et umbra dicebat dominus et sua gratia 3
plenitudinis, duorumque hominum *** quod ait apostolus:
Primus homo de terra terrenus, secundus homo
de caelo caelestis. Quod enim erat per umbram, et quod 4
erat futurum in domini praesentia maius et melius, hoc nuntiabat docendo ac rebus testantibus confirmando.

XLVIII

Alii sunt Passalorinchitae, qui digitum inponentes in nares LXXVI
et ora sua et labia quasi silentium semper exercent, non rei
aliae nisi taciturnitati quasi studium commodantes. Hoc autem 2
facientes quasi prophetas beatos cupiunt imitari, quia ait
Dauid beatus: Pone, domine, custodiam ori meo, et
ostium circumstantiae labiis meis. Et quia ieiuniis 3
beati prophetae uacantes | silentium saepius commodabant,

3 Luc. V 38 **6** II Cor. V 17 **12** I Cor. XV 47 **17** *exscripsit* Augustin. de haeres. 63 **20** Psalm. CXL 3

1 potibus *Sichardus* bachantes *A* **2** furientes *B* (r *in ras*) **5** prope errant inseuire *A* alieni *Sichardus*] alii enim **8** sententiam] scientiam: *conf. 114, 1* **9** et ecce *B* **10** ut umbra *Oehlerus* et *A* et de *B* **11** omnium *A*[1] *** *excidit ueluti* diuersa natura dissonantium **13** quid erat *A* **14** presentiam *A* **15** ac *B* hac *A* **17** imponentes *B* **18** et in labia *B* exercens *A* **19** quastudiū cōmorantes *A* **20** emitari *B* **21** beatus *A* propheta *B* **22** *post* ostium *V litterae eras in B* **23** uacante *A* commendabant *editt*

inde usurpantes isti aestimant aliquid obseruare, Pythagoricam uanitatem potius quam prophetarum caelestem uitam et sapientiam sequi properantes.

XLIX

LXXVII Alii sunt Aquarii sic dicti, qui in sacramentis caelestibus offerunt aquam, non illud quod ecclesia catholica || et apostolica facere consueuit.

L

LXXVIII Alii sunt heretici, qui prophetas cottidie adserunt et prophetias fieri praedicant, ignorantes legem et prophetas usque ad beatum Iohannem fuisse baptistam, finemque legis et prophetarum in Christi praesentia conpletum atque consummatum.

LI

LXXIX Alii sunt autem Coluthiani a Colutho quodam ita dicto
in Aegypto, qui dicunt deum malorum non esse factorem.
Econtra autem alter ei opponebat dicens deum malorum esse
factorem, qui et ipse erat hereticus pariter, et cum utrique
contentioni ferebantur inani, nescierunt potentiam rationis.
2 Scriptura enim deum facere bona et nihilominus et mala
facere praedicauit, cum dicat propheta: Ego sum dominus,
qui facio pacem, et creo mala. | Et alter propheta: Si
est, inquit, malities in ciuitate, quam deus non
3 fecit. Sed mala ista non natura esse dixit scriptura a deo
facta, sed causis existentibus hominum scilicet, in lege peccan-

5 *exscripsit* Augustin. de haeres. 64 10 Matth. XI 13 15 *exscripsit* Augustin. de haeres. 65. 66 21 Es. XLV 7 22 Amos III 6

1 pytagoricam *A* 2 unitatem *B* 9 cotidie *B* 11 iohannem beatum *B* 12 completum *B* 15 autem sunt *B* cholutho *A* 16 dicunt *in ras A* 17 ei *B* et *A* 19 ferebatur *A* 20 facere bona *B* facerebant *A* (*super* t *altera* t *posita et erasa*) 21 face *A*[1] Egs *A*[1]

tium domino, quae sunt temptationes persecutiones diuer-
saeque angustiae quae deo permittente insurgunt peccantibus,
sicut scriptum est: Quis dedit Israhel in direptione?
nonne dominus, cui peccauerunt, et noluerunt in
uiis eius ambulare? Non autem fecisse mala deum 4
natura dicit scriptura alicubi‖: Ecce enim, inquit, omnia
ualde bona quae fecit deus, in libro Geneseos, id est
creaturae mundi. Et alibi propheta dicit: Quoniam deus
malum non fecit, neque delectatur in perditione
uiuorum. Quia ergo non causa dei creantis est mala natu- 5
raliter, sed hominum uoluntatis, quae obnoxia legi dei et
iudicio urguetur et coërcitione constringitur, conuersionis
causa a domino haec inferuntur hominibus cottidie. Cum ergo 6
haec dicuntur, quomodo dicta sunt ignorantur. Quae enim
imputantur hominibus in coërcitione mala, haec eruditionis
et utilitatis sunt plena, quae hominum uoluntas peruersa
pati meretur, cum dicat apostolus: Numquid iniustus
deus, qui infert | iram suam hominibus? Non tamen 7
sine utilitate et emolumento futuro haec cuncta humano
generi fieri permittuntur. Iustus enim in tribulatione susti-
nendo fidelior et iustior conprobatur, peccator autem aut
peccare desinit emendatus, aut perseuerans de mundo tollitur,
ne in corpore constitutus amplius delinquere uideatur. Ergo 8
aut emendatus, cum superest adhuc in corpore, bonum iam
opus facere non retardabit, aut mens accersitur, ut desinat a
peccato, quod ait apostolus: Qui mortuus est, iustifi-
catus est ‖ a peccato.

3 Es. XLII 24 7 Genes. I 31 8 Sapient. I 13 17 Rom. III 5 26 Rom. VI 7

3 sicut *om* *A* isrł 5 malā A^1 deum] d *ex* m *facta* *B* 6 inquit *om* *B* 7 ualde *A* ualde inquit *B* 8 creatura *A* 9 neq: *B* quae *A* 12 arguetur *A* coertione *A* 13 cause *A* a *om* *A* cotidie *B* 14 dicantur *A* 15 imputantur *A* putantur *B* coertione *A* 16 peruersa pati *B* peruersatio *A* 20 in *eras in* *A* tribulationē A^2 tribulatio A^1 21 aut *B* ut *A* 22 desinet *B* 25 men B^1 accersitur] coercetur *Sichardus*

LII

LXXX Alia autem est heresis, quae dicit mundum non mutari,
sed in eo statu semper manere, etiam post domini nostri Iesu
Christi de caelis praesentiam, cum ipse dicat: Omnia transi-
2 bunt et mutabuntur. Hoc autem non intellegunt mutationis
causa elementorum dictum fuisse a domino, ut his mutatis
noua creatura reformetur, quod et Dauid docet: Ipsi peri-
bunt, inquit, tu autem ipse es in aeternum. Et
dominus: Caelum et terra transibunt, uerba autem
3 mea non transibunt. Et: Ego faciam nouum caelum
et nouam terram, dicit dominus. Restauranda | potius
ergo, non pereunda adnuntiat elementa, et quamuis inpossibile
deo non est, ut, qui fecit ex nihilo omnia, iterum delere
4 possit omnia: quod ait Iob beatissimus: Si autem destru-
xerit uniuersa, quis ei dicet, quid fecisti? Si ergo
ita senseris, omnipotentiam domini Christi cognoscis, siue
ea restauranda quis aestimat, sequenter intellegit. Nam etsi
pereunda semina scriptura demonstrat, id est ipsum mundum
ad nihilum deuenire posse, tamen *** quia, quod fecit, non
5 deperit. Fecit enim, ut ait Salomon, ex nihilo omnia ut
possent esse quae non erant. Et in resurrectione homi-
num non pereunda semina, sed ad gloriam maiorem uenien-
tia || demonstrat, ut ait apostolus: Seminatur corpus ani-
male, surgit corpus spiritale: seminatur in corru-
ptione, surgit in incorruptionem. Et ipse iterum
6 apostolus beatissimus: Expectatio enim creaturae reue-

2 *exscripsit* Augustin. de haeres. 67 4 Matth. XXIV 35? 6 Apocal. XXI 1 7 Psalm. CI 27 Hebr. I 12 9 Matth. XXIV 35 10 Es. LXV 17 LXVI 22 14 Iob IX 12 XI 10 18 Psalm. CI 27 19 Sapient. XI 25 20 Sapient. I 14 23 I Cor. XV 42 26 Rom. VIII 19 *seqq.*

3 mane *B*[1] ihū *A*, *om B* 6 dictam *A* 9 terrā *A* uerba— transibunt *om A* 10 facio *B* 12 annuntiat *B* 15 dicit *A* ergo si *B* 16 senserit *A* cognosces *B* 17 eam restaurandam intelleget *B* 19 ad *B* a *A* *** *desunt nonnulla* 20 solomon *B* 21 possent esse quae *B* possetis seque *A* et *om A* 25 surgit in incorruptionem *om A* 26 exspectatio *B*

lationem filiorum dei expectat: uanitati enim
creatura subiecta est non uolens, sed propter eum
qui subiecit in spe futurae gloriae dignitatis. Pro-
pter quod et ipsa creatura, inquit, liberabitur a
seruitute corruptionis in libertatem gloriae|filio-
rum dei, ostendens itaque *ad* gloriam filiorum <*dei*> pro- 7
cessura elementa, id est homines cum hac ipsa uisibili
creatura, cum dicit dominus: Sol tunc septempliciter
lucebit. Transeuntia ergo erunt elementa ad maiorem iam
gloriam, inque ea permanenda cum hominibus, quamuis et
ad nihilum possit adducere qui fecit omnia dominus. Sed in 8
hoc est eminens Christi maiestas et potentia, quod ad gloriam
maiorem eadem elementa transire promittit. Nam et apostolus
elementa haec liquescere et ad nihilum uenire nuntiat pariter
et prophetat.

LIII

Alia est heresis quae excalciatos ambulare debere homines LXXXI
adserit, quod Mosi, inquit, dictum est: Solue calciamenta
tua, et quod Esaias beatus ita ambulauerit tribus annis:
quae magis humana ac uanae superstitionis sunt, non tradi-
tionis||sanctorum ac domini nostri Iesu Christi iussionis et
imperii eius ac potestatis.

LIV

NOUATIANI SURREXERUNT POST PERSECUTIONEM POSTREMAM a LXXXII
Nouato quodam, qui sicut ecclesia catholica credebant antea,

8 Es. XXX 26 14 II Petr. III 10. 12 17 *exscripsit* Augustin. de haeres. 68 18 Exod. III 5 20 Es. XX 3

1 filii A^1 exspectat *B* 2 subdita *B* 6 ad gloriam filiorum] gloria ad filiorum *A* a gloria ad gloriam *B* <*dei*> *addidi* 7 hominis *A* haec *A* uisibilia *A* 8 ///// sol *A* (t *erasa*) 12 potentiam *A* 14 nilum *B* 17 excalcios A^1 18 mosi *A* sub mosi *B* 20 hac *A* traditiones *A* 22 ac *A* atq: *B* 24 postrema *A* 25 credebat *A*

2 uetus testamentum et nouum | accipientes. In persecutione autem,
quia lapsi sunt multi fideles et in paenitentiam suscepti sunt a
catholica ecclesia, irati, immo potius praesumptione ducti ac
3 superbia, uanam doctrinam conati sunt seminare, separantes se ab
ecclesia catholica atque a Christi bonitate ac misericordia disso-
nantes, atque dicentes, non esse fideli post baptismum locum ali-
quem paenitentiae, ignorantes quod per prophetam clamat: Viuo
ego, dicit dominus: si uolo mortem peccatoris,
4 quantum ut reuertatur et uiuat? Si ergo dixerint de his
qui baptizandi sunt dixisse scripturam, non tamen fidelibus,
audiant saluatorem post baptismum aquae dicentem de baptismo
alio, paenitentiae scilicet passionis. Ait ita: Baptisma, inquit,
5 habeo baptizari, et quam festino si sciretis, osten-
dens utique nobis post baptismum, quod per aquam ante
dederat, aliud etiam passionis paenitentiae humano generi ab
ipsius bonitate et clementia labentibus concedendum atque
6 ab eodem domino tribuendum. Quod apostoli intellegentes de
passione | eius saluberrima post illam || primam gratiam humano
generi etiam hoc eum contulisse praedicabant. Ut prouisor
enim et omnipotens et peccantibus concedit per paenitentiam,
ut, qui lapsus est, surgens ac pugnans iterum, inque ea
perseuerans, speret se posse a domino desiderandam uictoriam
7 adipisci. In Christo enim et eius clementia et iustitia et
bonitas propter peccantes et paenitentes abundat cottidie, ut
Paulus beatus tristatus de illis est qui peccati causa non
egerant paenitentiam, ut dixit in sua epistola: Quis infir-
matur, et ego non infirmor? et rursum: Ne ueniam

7 Ezech. XXXIII 11 XVIII 23 12 Luc. XII 50 24 II Cor. XI 29 27 II Cor. XII 21

1 persecutionem *A* 2 qui *A* paenitentiam suscepti *B* pacientia *A* 5 a *om A* 7 paenitentiam *A* propheta *A* 9 dixerint *Sichardus*] dixerit 10 scripturarū *A*[1] 11 aquae *B* que *A* 12 ait *om B* 13 baptizare *A*[1] sciretis] finiretur *Fabricius* fieret is *Oehlerus* 14 post *om A* 17 eadem *A* tribuendo *A* 19 predicabat *A*[1] 20 enim et *B* enim *A* 21 pugnas *A* ea *om A* 24 habundat *A* cotidie *B* 25 testatus *Sichardus* 27 ueniat *A*[1]

ad uos, et iterum me humiliet dominus propter
quosdam, qui non egerunt paenitentiam. Et Petrus
beatus apostolus mago Simoni dixerat: Age paenitentiam, 8
si quo modo dimittatur tibi quod fecisti. Et Paulus
quem abiecerat eum suscipi post tempus iterum iube*b*at.
Amissionem itaque dignitatis possunt perpeti tales, non detrimentum salutis, ut ait dominus: | Multae mansiones sunt apud patrem meum.

LV

Alii sunt Monte*n*ses, qui rebaptizant si quos seduxerint LXXXIII
homines, et supra baptismum ecclesiae catholicae alium suum baptisma insaniunt promittentes: qui et Donatiani dicuntur a quodam Donato in Africa constituto, qui hanc heresim || seminauit: qui et Parmeniani nunc appellantur a Parmeniano quodam, qui eorum nuper successit erroribus atque falsitati.

LVI

Alii sunt in Gallis et Hispanis et Aquitania ueluti absti- LXXXIV
nentes, qui et Gnosticorum et Manicheorum particulam perniciosissimam aeque secuntur, eademque non dubitant praedicare, separantes persuasionibus coniugia hominum, et escarum
abstinentiam promittentes, quae non ex legis praecepto, sed 2
promotionis caelestis et dignitatis causa uoluntati hominum talis a Christo concessa est gratia. Dicit enim dominus Petro: Non omnes capiunt hoc uerbum. Et iterum idem
dominus ait: Qui dimiserit uxorem suam sine causa 3

3 Actor. VIII 22 4 I Cor. V 4 II Cor. II 7 7 Ioh. XIV 2
18 *exscripsit* Augustin. de haeres. 70 25 Matth. XIX 11 26 *ibid* 9

3 symoni *A* 4 quo *om* A^1 5 iubeat 10 monteses *B* monasses *A* sedixerint *A* 11 aliud *B* 13 africā *A* 14 parmentiani *B* nun A^1 15 parminiano *B* 18 hispanis *B* in spanis *A* ^{a}equitania *B* uelut A^1 19 ignosticorum *A* et Manicheorum *om A* particula pernitiosissima *A* 20 eandemque *B*

criminis, facit eam moechari. *** Aliud est itaque
consensu communi hoc fieri laudis | causa maioris consequendae
a domino, et aliud contra legem suadere, contraque amborum
4 facere uoluntatem. Et iterum: Qui non manducat, man-
ducantem non spernat, et qui manducat, non man-
ducantem non iudicet. Quod ex uoluntate est itaque,
laudis est et amplioris, immo potius mercedis caelestis est
5 desiderium: quod autem extra legem est, non a deo Christo
est traditum, sed inani hominum praesumptione et errore
inuentum. Scriptum est enim: Dedi uobis omnia edere
6 sicut faenum. Hoc autem ideo faciunt, ‖ ut escas paulatim
spernentes dicant eas non esse bonas, et ita non a deo homi-
nibus escae causa fuisse concessas, sed a diabolo factas ut
adserant, ita sentiunt inque hoc iam creaturam non a deo
creatam, sed a diabolo eam factam ut praedicent enituntur
perque hoc mendacio multorum animas captiuarunt.

LVII

LXXXV Alii sunt in Africa Circuitores qui ita dicuntur. Hi circum-
eunt terram, et quos inueniunt in uia, cogunt eos ut inter-
ficiantur ab illis, dicentes se desiderare pati martyrium, et sub
2 causa hac multi latro | cinantur interdum. Quidam autem ex
his ueluti biothanati moriuntur sese dantes ad praecipitium,
diuersumque subeunt calamitatis interitum. Qui cum sine
causa perire ita properant, honestae mortis sustinent detri-
menta, et iudicio dei futuro se potius inplicant quam
soluunt.

1 ⟨I Cor. VII 5⟩ **4** Rom. XIV 3 **10** Gen. I 29

1 *** *Exciderunt Pauli I ad Cor. VII 5 praemissis* Et Paulus beatus apostolus dicit: **7** et *om B* **10** dedi *B* de *A Sichardus* **12** dicunt *A*[1] **13** concessa factas ut *B* facta sunt *A* **15** facta *A* predicant *A* **16** mendacio *B* mendatium *A Sichardus* **19** terras *B* **20** pa//ti *B* **22** uelut *B* biothonati *A* **25** implicant *B*

LVIII

Alii autem sunt qui cum hominibus non sument escas, LXXXVI
praesumptione ducti inani, putantes melius quid facere, quia
et prophetae hoc, inquit, faciebant, ignorantes diuersam oeco-
nomiam Christi domini dispositione esse statutam hominibus.
Hi de patre et filio bene sentiunt, de spiritu autem non recte 2
accipiunt, creatum credentes esse et factum sanctum spi-
ritum, non deum, sicut scripturae nuntiant et ecclesia catho-
lica praedicat.‖

LIX

Alia est heresis quae adserit cum Iudaeis <*nos*> debere LXXXVII
facere pascham. Isti in Galatia et Syria et Frigia commo-
rantur et Hierosolimis, et cum Iudaeos secuntur, simul cum
eis errore depereunt. Inque hoc et suum Iudaei confirmant 2
mendacium, cum peruident quosdam Christianos indoctos legis
eorum sequi uanitatem quam regulam catholicae ueritatis. Et 3
nihilominus et illi cum istis concelebrant, ut consortes Iudaeo-
rum criminis et sceleris | manifestantur atque ab omnibus
dinoscuntur.

LX

Alia est heresis, quae Apocryfa, id est secreta, *hab*et LXXXVIII
solum prophetarum et apostolorum, <*non*> accipit scripturas
canonicas, id est legem et prophetas, uetus et nouum scilicet
testamentum. Et cum uolunt solum illa apocrifa legere stu- 2

2 *exscripsit* Augustin. de haeres. 71 4 III Reg. XIII 9

2 autem *om A* 3 inanes *A* facere *B* facere quid *A* 4 hoc inquit *om A* iconomiam *B* 5 dispositionem 7 creatum] m *in ras III litterarum B* 9 praedicant *A* 11 <*nos*> *addidi* 12 pascha *B* galatiae et syriae *B* frygia *B* 13 hierosolymis *B* iudaeis B^1 simili *B* 16 regula *A* 17 ut *om A* 18 omnibus B^2 hominibus AB^1 21 *Hoc caput tractauit Th. Zahn hist. canonis T. N. II p. 236* *hab*et] et *A om B* 22 <*non*> *addidi* accipit *A* accipit non *B* 24 apocryfa *B* lege *A*

diose, contraria scripturis canonicis sentiunt, atque paulatim
dogmatizant, contra eas dantes sententias, contra legem et
prophetas contraque dispositiones beatissimorum apostolorum
3 consulta ponentes: e quibus sunt maxime Manichei, Gnostici,
Nicolaitae, Valentiniani, et alii quam plurimi, qui apocrifa
prophetarum et apostolorum, id est Actus separatos habentes,
4 canonicas legere scripturas contemnunt. Propter quod statu-
tum est ab apostolis beatis eorum successoribus non aliud
legi in ecclesia debere catholica || nisi legem et prophetas et
euangelia, et Actus apostolorum et Pauli tredecim epistolas,
et septem alias, Petri duas, Iohannis tres, Iudae unam, et
unam Iacobi, quae septem Actibus apostolorum coniunctae
5 sunt. Scripturae autem absconditae, id est apocryfa, etsi legi
debent morum causa a perfectis, non ab omnibus debent,
quia non intellegentes | multa addiderunt et tulerunt quae
6 uoluerunt heretici. Nam Manichei apocryfa beati Andreae
apostoli, id est Actus quos fecit ueniens de Ponto in Greciam
* quos conscripserunt tunc discipuli sequentes beatum apo-
stolum, unde et habent Manichei et alii tales Andreae beati
et Iohannis Actus euangelistae beati, et Petri similiter beatis-
7 simi apostoli, et Pauli pariter beati apostoli: in quibus quia
signa fecerunt magna et prodigia, ut et pecudes et canes et
bestiae loquerentur, etiam et animas hominum tales uelut
canum et pecudum similes inputauerunt esse heretici perditi.

LXI

LXXXIX Sunt alii, qui epistolam beati Pauli ad Hebreos non adserunt esse ipsius, sed dicunt aut Barnabae esse beati apostoli

3 Canon apostol. LXXXV (Hefele concil. histor. I (1873) p. 827) 7 l. s.

1 contrariis *A* **4** ignostici *A* **5** apocryfa *B* **7** contempnunt *A* **8** eorum *A* et eorum *B* **9** legum ecclesiā *A* catholicā *A* **10** epistolis *A*[1] **11** iohannes *A* tris *A*[2] **12** iocobi *A* **14** debent *A* legi debent *B* **15** qui *B* **18** *excidit* accipiunt **23** uelud *A* **24** imputauerunt *B* **26** *Hoc caput tractauit Th. Zahn hist. canonis T. N. II p. 238* hebraeos *B* **27** ipsius *om A*

aut Clementis de urbe Romae episcopi, alii autem Lucae 2
beatissimi euangelistae aiunt: epistolam etiam ad Laudicenses
scriptam beati apostoli quidam uolunt legere.‖Et quia addi-
derunt in ea quaedam non bene sentientes, inde non legitur
in ecclesia, et si legitur a quibusdam, non tamen in ecclesia
legitur populo nisi|tredecim epistolae ipsius et ad Hebreos
interdum. Et in ea quia rhetorice scripsit, sermone plausibili, 3
inde non putant esse eiusdem apostoli; et quia et factum
Christum dicit in ea, inde non legitur; de paenitentia autem
propter Nouatianos aeque. Cum ergo factum Christum dicit, 4
corpore dicit, non diuinitate dixit factum, cum doceat ibidem
quod diuinae sit paternae substantiae filius: Qui est splen-
dor gloriae, inquit, et imago substantiae eius.
Paenitudinem etiam non excludit docendo, sed diuersum gra- 5
dum dignitatis ostendit inter hunc qui integrum custodiuit
et illum qui peccauit. Dignitatis est igitur detrimentum in
eo qui peccauit, non damnum salutis. Nam si fortiter quis 6
pugnauerit per martyrium, recipiet pristinam sanitatem, aut
si condigne in hoc saeculo uixerit, inpetrat quod desiderat
adipisci. Nam in epistola ipsa rebaptizatores excludit, non 7
baptismum paenitentiae abnegat conferendum, quod interdum
in multis infructuosum inuenietur paenitentibus: quod postea 8
fide, uita, bono opere et in hoc saeculo a domino conlaudati
sunt‖perseuerantes iam in rebus bonis et operibus fructuosis,
quod dominus dixerat per prophetam: Non ero memor
malorum eius, sed bonorum potius, si iam in bo-
nis|permanserit operibus.

8 Hebr. III 2 **9** Hebr. VI 4 X 26 **12** Hebr. I 3 **20** Hebr. VI 4 **25** Ezech. XXXIII 16 XVIII 28

2 laodicenses *B* **3** scripta *A* Et *B*, *om A* **4** quaedam non] non *om B*[1] **6** haebreos *B* **7** quia *om A* rethoricae *B* **8** et quia et *B* et quia *A* **11** docebat *A* **13** inquid *B* **14** plenitudinem *A* docendū *A* **15** integrum se *Zahnius* **18** sanitatē *A* dignitatem *B* **19** impetrat *B* **20** ipsa epistola *B* **22** fructuosum inueniatur *B* **23** uita bono *B* bona uita *A* *cum signis transpositionis* collaudati *B* **27** permansit *B*

LXII

XC Melitiani sunt alii a Melitio quodam in Aegypto, qui de
parte fuerat Arriana, et abiectus est ab ecclesia catholica:
qui postea quasi uerum sequendo susceptus est, et discipuli
2 eius cum eo pariter. Atque iterum indifferenter post haec
agere cupientes communicabant et hereticis et ecclesiae catho-
licae. Quorum cum cognouisset indifferentiam, exortes eos
suae communionis effecit ecclesia catholica.

LXIII

XCI Alii sunt in Aegypto et Alexandria a Retorio quodam
*n*omine, qui omnes laudabat hereses, dicens omnes bene sen-
tire, et neminem errare ex eis sed ambulare bene omnes
illos: et male eos credere non sentiebat. Si itaque omnes
2 laudabat, quem uituperabat? Ergo non tenet quod uerum est.
Et Fotinus ergo laudandus est et hereticus, qui Christum
deum negat esse ante saecula cum patre, et omnis heresis
quae blasphemat aut in patrem aut in filium aut in spiritum.
3 Cur itaque blasphemos hereticos laudet, cum eos Christus
dominus ex hoc iam saeculo damnauerit, dicens non dimitti
hominibus blasphemiam in spiritum sanctum blasphemantibus
et perseuerantibus, neque hic neque in futurum? Propter
quod constat et istum esse hereticum, immo potius nihil
scire, qui eos laudandos, non uituperandos et abiciendos
iudicauerit.

10 *exscripsit* Augustin. de haeres. 72 18 Matth. XII 31

2 Malitiani *A* **5** indifferente *A* **6** communicabat *A* haereticis *B* **8** efficit *A* **11** *n*omine] homine **13** non ċredere *B* **14** tuperabat A^1 **15** fotinus *B* protinus *A* ergo *om A* laudandū *A* et *om B* **16** hereses *A* **17** patre *A* **18** hęreticos *B* laude *A* laudat *B* **23** abiciendo *A*

LXIV

Alia est heresis quae dicit diuinitatem doluisse, cum caro XCII
pateretur in cruce coniuncta diuinitati, errantes, quod non
solum diuinitas pati non potest naturaliter nec teneri neque
uideri, uerum etiam nec anima hominis, quae a deo facta
est, dicente domino: Nolite timere eos qui occidunt 2
corpus, animam autem non possunt occidere, sed
timete hunc potius, qui potest animam et corpus
perdere in gehennam. Errant itaque modis omnibus qui
dicunt diuinitatem Christi esse natur*a* passibilem, et impie
sentiunt aut doluisse aut fleuisse aut ingemuisse; passio
enim Christi est carnalis, ⟨*carne*⟩ naturaliter, non diuinitate
dolente. Ideoque non cognoscebatur a Iudaeis qui erat in 3
carne passibili loquendo, qui de lege eis et prophetis deus
uerus nuntiabatur, palamque in carnem uenturus praedica-
batur, dicente propheta: Deus palam ueniet, et iterum
idem propheta Dauid: Dominus pars hereditatis meae,
et calicis mei. Qui est enim calix nisi eius passio? qui 4
tantae bonitatis munus | et clementiae humano generi conferens
ab Iudaeorum *ini*quissimo ignorabatur populo. Passus itaque
est carne passibili, non diuinitate naturaliter inpassibili, qui
et agnoscitur et creditur non absente tamen diuinitate, sed
coniuncta cum corpore pariter propter mysterium consumma-
tionis statutum ac definitum antea. Quod sciens apostolus 5
non separauit in cruce diuinitatem a carne dicens: Si enim
cognouissent, numquam dominum maiestatis cruci-
fixissent. Paulus itaque beatus coniunxit utrumque ut

2 *exscripsit* Augustin. de haeres. 73 **6** Matth. X 28 **16** Psalm. XLIX 3 **17** Psalm. XV 5 **25** I Cor. II 8

3 diuinitate *A* **4** potens *A* **5** a *om A* **9** Erant *B* **10** natura *Sichardus*] naturam **11** gemuisse *A* **12** *carne*] *add Fabricius* **14** eis *om B* **15** carne *B* predicatur *A* **17** idem *om A* **19** generis *A* **20** iniquissimo *Sichardus*] nequissimo ignorabantur *A* **21** carni *A* diuinitate naturaliter inpassibili *om A* **22** absente—sed *om A* **23** iuncta *A* **24** statū *A* **26** magestatis *A*[1]

Christi bonitatem et misericordiam nobis manifestaret plenis-
simam. Petrus autem beatus apostolus quod natura est passi-
bile et quod est inpassibile docuit ex aperto, dicens: Mor-
tuus quidem est corpore, uiuificatus autem spi-
6 ritu. Neque ergo caro a diuinitate nec diuinitas a carne
aberat cum caro pateretur humana naturaliter, et in hoc ipso
permittente Christi diuinitate mysterium nostrae causa salutis
consummabatur a domino, ut plena deuictio fieret inimici,
ut, in quo uidebatur ut homo pati, qui deus erat in carne,
non sibi sed nobis iam uinceret inimicum, nobisque ante
deuictis in sui | passione in eum credentibus uincendi poten-
tiam aperiret eumque sequentibus caelestem gloriam mini-
7 straret. Non ergo dei naturalis passio || et dolor talis in diui-
nitate eius gignebatur, sicut quidam aestimant: alioquin homo
solum erat, non deus et homo, ut scriptum est: sed myste-
rium nostrae causa salutis aeternae consummabatur, quod
ante fuerat nuntiatum a lege pariter et prophetis.

LXV

XCIII ALIA EST HERESIS QUAE DICIT ueluti triformem DEUM esse et
compositum, ut quaedam pars patris, quaedam filii, quaedam
spiritus sancti sit, atque ita credi debere adserunt, et hoc
dicentes nesciunt nec intellegunt diuinae scripturae sententiam.
2 Triformem enim quandam dicentes substantiam multis blasphe-
mant peius ignorantes, quod alter est qui misit, alter qui
missus est. Ergo est uera persona patris, quae misit filium,
et est uera persona filii quae aduenit de patre, et est uera
3 persona spiritus quae a filio et patre missa est. Trium
itaque harum personarum una est ueritas, maiestas et

3 I Petr. III 18 **15** Ioh. I 14 **19** *exscripsit* Augustin. de haeres. 74

1 manifestare *A* **2** natura *om B*[1] **6** hoc ipsa *B* ipso *A* **13** dei *om A* dolos *A* **14** aestimant *A Sichardus* aestimabant *B* **15** scribtum *B* **16** causae *A* consumabatur *A* **19** haeresis *B* **20** quidam pars *A* quidā filii *A* **23** quondam dicentis *A*

substantia aequalis et diuinitas sempiterna. Qualis est enim
inmensa inenarranda patris persona, talis est et filii, talis est
| et sancti spiritus, ut in distinctione nominum ac trium
personarum non sit aliqua naturae diuersitas. Inmensibilis 4
est igitur haec trinitas et inuisibilis et inenarrabilis, quae
fide solum cognoscitur, tamen expositione humanae uocis ac
sensu mortali condigne non expromitur. || Cum enim dicit 5
mittere patrem filium et filium mittere sanctum spiritum,
personarum causa dicit, non loci separatione disiunctos osten-
dit, propter Sabellium scilicet et Fotinum hereticos, qui con-
digne de deo intellegere noluerunt, dicente domino: Cui me
similem facitis, dicit dominus, et cui similis ero?
*** Sicut enim caelum distat a terra, ita distant
sensus uestri et cogitationes et consilia uestra a
sensibus et cogitationibus meis, dicit dominus.
Cum ergo dicit misisse patrem, et missum fuisse filium, 6
personarum causa dicit, ne quis aut ipsum <*missum*> patrem
aut ipsum filium *misi*sse aestimans *** quod ita non sentiens
delirat Sabellius. Et ne iterum missus filius de caelo aesti-
metur non esse ubique cum patre, dixit quidem se missum
a patre, ubique tamen se esse cum patre ostendit dicens:
Pater, qui me misit, mecum est. Non ergo | separationem 7
loci dixit, cum omnia et ipse filius compleat contineat cum
patre et sancto spiritu: sed ut patris ueram personam, et
filii talem qualem patris, et sancti spiritus sicut filii, ueram

7 Ioh. V 30. 37 VIII 16. 18 XV 26 XVI 7 **11** Es. XL 18 **13** Es. LV 9 **22** Ioh. VIII 16 XVI 32

1 est enim *B* enim *A* **2** et inenarranda *B* **3** districtione *A* **5** et inuisibilis *A* inuisibilis *B* **6** tamen *A* non tamen *B* ac sensu *A* ascensu *B* **7** mortalis *A* non *om B* **9** locis *A* **10** hereticos *B* **11** deo *B* dm̄ *A* **12** fecistis *B* **13** *exciderunt nonnulla* **14** sensus uestri et *om A* **15** meis *om A* **16** Cum *B* Cui *A* mississe *A* et missum *A* emissum *B* **17** <*missum*> *addidi* **18** *misi*sse] esse aestimet *B*: *exciderunt ueluti* in errorem incurrat mortiferum; non *om B* **20** cū *A* in *B* **21** se esse *A* esse *B* **24** spū scō *cum signis transpositionis B* scō sps̄ *A* **25** talem] lem *in ras A* qualis *B*

credamus persona*m* harumque trium personarum unam quali-
tatis substantiam, maiestatem et potentiam cognoscamus,
8 haec ita docere dignatus est: et in carne maxime consti-
tutus, in quo et eius humilitas enituit saeculo et inenarranda
resplenduit bonitas et condescensio fragilitatis humanae, in
tanta || copiosa clementia ac liberalitate ut generi manifesta-
retur humano, haec ita dignatus est operari atque loqui pro
nostra salute, ut nos scire de deo et capere et intellegere
aliqua ex parte ualeamus.

LXVI

XCIV Alia est heresis quae de caelorum diuersitate ambigit.
Scriptura enim in primo die caelum et terram factam declarat
duo haec elementa, secundo die firmamentum aquae factum,
et nihilominus et ipsum firmamentum caelum appellatum
2 fuisse testatur. Dauid autem dicit de caelis ita: Laudate
dominum de*um* caeli caelorum, et aquae quae
super caelos sunt. | Siue ergo sex caelos, secundum
Dauid, et septimum hoc firmamentum accipere quis uoluerit,
non errat: nam Salomon tres caelos dicit ita: Caelum et
3 caelum caeli. Paulus aeque beatus apostolus usque ad
tertium caelum se raptum confitetur. Siue ergo septem quis
acceperit, ut Dauid beatus, siue tres, siue duo, non errat,
4 quia et dominus ait: Pater qui in caelis est. Nam et
pagani uanissimi unum caelum et polus profitentur interdum.
Dauid ergo beatus quod plenum est docuit; Salomon autem
quod ex parte est et beatus Paulus aeque. Liber autem Gene-
seos duos caelos nobis nuntiauit.

12 Gen. I 1 **13** Gen. I 8 **15** Psalm. CXLVIII 4 **19** III Reg. VIII 27 **21** II Cor. XII 2 **23** Matth. VI 9

1 personam *Sichardus*] personarum harumq: *B* q; *A* personam. Nam *A* **2** maiestatem et potentiam *om A* **3** et in *B* in *A* **4** enarranda *A* **7** ita *om A* **11** haeresis *B* diuersitatem *A* ambig& *B* **12** facta *B* **13** die *om B* **15** autem *A Sichardus* enim *B* **16** de⟨*um*⟩] de *A om B* caelis *A* et *om A* **20** beatus *om A* **22** duos *B* **24** polos *B* **26** geneseus *A*[1] **27** nobis *om A*

LXVII

Alia est heresis quae de terra ambigit, dicens || hanc esse XCV
solam, et aliam non esse, ignorans quod alia est, quae ueluti
matrix est omnium rerum uniuersaque continet quaeque quasi
ΥΛΗ, id est materia, repperitur in scripturis, quae est inui-
sibilis et inconposita, quae a deo facta est in primo die.
Haec autem, in qua habitamus, super aquam fundata osten- 2
ditur, ut dixit Dauid: Qui fundasti terram super
aquam. Nam matrix omnium rerum terra inmensa est illa 3
prior quae in primo die facta est, quae continet aquam | et
hanc terram quae habitatur a nobis, quae et humano generi
et uolatilibus serpentibus pecudibus ceterisque aliis fruges et
fructus exhibet opulenter, iussa a Christo domino saluatore,
sicut scriptum est in libro Geneseos ‹*id est*› creaturae.

LXVIII

Alia est heresis quae de aqua ambigit, quod non facta sit XCVI
a deo, sed semper esse eam ex semetipsa adserunt, igno-
rantes, quod si maius elementum factum est, id est terra,
quanto magis et minus, id est aqua, quae continetur a terra,
dicente propheta Iona: Ego seruus sum dei, qui fecit
mare et terram. Et Dauid idem dicit factam aquam a 2
domino et tres pueri itidem. Alia itaque est terra quae con-
tinet uniuersa, et alia est terra quae super aquam fundata
est, quippe ista quae habitatur a nobis, de qua ait propheta: ||

5 Sap. XI 17 Gen. I 2 8 Psalm. CXXXV 6 14 Gen. I 1. 29 16 *exscripsit* Augustin. de haeres. 75 20 Ion. I 9 21 Psalm. CIII 3. 6 22 Dan. III 60

2 haeresis *B* de terra *A Sichardus* de terra et terra *B* **4** est *om A* quaeque quasi yah *A* quae quasi hyle *B* **5** in *om A* **7** funtata *A*[1] **9** terra inmensa *B* tr̄ammen *A* **12** alii *A* **13** opulentos iussos *A* domino *om A* **14** ‹*id est*› *addidi* **16** hęresis *B* facta sit a deo sed semper esse eam *B* factus ita domina semper esse ea *A* **21** marem et terram *A* mare et aridam *B* **23** terra quae super *A* quae super *B* **24** ista quae *B* itaque *A*

Qui fundasti terram super aquam. *** non illam
3 utique primam. Hanc itaque renouari et purgari necesse est,
quam et moueri saepe cognoscimus terrae motu, de qua ait
dominus: Ego facio nouum caelum, et nouam terram.
Et iterum dominus ait caelum et terram transire in euange-
4 lio. Haec terra itaque ueluti de radicibus illius prioris cogno-
scitur habere substantiam, quae supra aquam subsistere iussa
est, | quae copiose humano generi exhibet alimenta.

LXIX

XCVII Alia est heresis, quae dicit ante corpus fuisse hominis
factum, non animam, et quod imago dei corpus sit non anima
hominis, et quod secundum praedestinationem dixerit dominus,
ita arbitrantur, cum dicat scriptura: Et fecit deus homi-
nem. Ad imaginem suam fecit eum, masculum et
feminam fecit eos; ignorantes, propheta quid dixerit.
2 Cum dicit enim Faciamus, promittit facturum se, cumque
dicit Fecit deus, iam opus factum demonstrat, et factam non
3 carnem, sed animam, quae rationabilis est, declarauit. Nam
quod caro sine anima non possit eloqui non est dubium;
ergo caro organum animae est rei rationabilis. Masculum et
feminam cum primum <*factum*> dicit scriptura, non hic cor-
porum sexum, sed animae dominantis et subiacentis declarat
4 indicium. Et quod non corpora ante sint facta iacentia, || sicut
quidam aestimant inprudentes, non est ambiguum, cum caro
Adae ac mulieris postea facta sit; nam septimo die dicit

1 Psalm. CXXXV 6 4 Es. LXV 17 LXVI 22 5 Luc. XXI 33 Matth. XXIV 35 10 *exscripsit* Augustin. de haeres. 76 13 Gen. I 27

1 *desunt ueluti haec*: Et ita cum dicit propheta hanc terram dicit quae habitatur a nobis, quam fundauit dominus super aquam 2 renouari *B* se renouari *cum signis transpositionis A* et purgari—saepe *om A* 4 faciam *B* 10 hęresis *B* 11 imago sit. dei corpus (corpos *A*[1]) sit *A* 12 praedestinationem dixerit dns̄ *B* predestinatio dixerit dnī *A* 16 promittat *A* 17 et factū *A* 18 declarauit *A Sichardus* declarat *B* 19 poss& *A* 20 animae *Sichardus*] anima 21 <*factum*> *addidi* 23 ante sint *A* sint ante *B*

scriptura de Adam ita: *Et accepit dominus terram de*
limo, et plasmauit hominem quem fecit. Vides 5
ergo | quomodo factum hominem, id est animam ante ostendit
rationabilem et inmortalem esse creatam a domino, quae
utique imago dei est appellata. Terram autem de limo acce-
ptam adiunctam animae, id est exteriorem hominem, corpus
fragile die sequenti manifestauit plasmatum, ac sic immisso
sopore in Adam posteaque de costa eius accepisse dominum
et fecisse mulierem scriptura testatur ac praedicat. Et ⟨*quod*⟩ 6
primum sit anima facta, id est sexto die, die autem septimo
corpus de terra plasmatum Adae, sic de uiri corpore, id est
de latere eius, factam feminam demonstrauerit, non est ambi-
guum et quod anima ante facta sit, caro autem postea plas-
mata, et sic postea inspiratione infusa dei spiritali*s* in fine
conlata sit gratia, ut sic iam capax homo legis diuinae non
inpotens a domino monstraretur, euidens est ratio ueritatis:
quod et beatus dicebat Dauid, factam animam primum, sic 7
corpus plasmatum: *Manus tuae,* inquit, *fecerunt et*
plasmauerunt me. Ac sic postea fuisse infusum || spiritum
declarauit dicens: *Et spiritum sanctum tuum ne aufe-*
ras a me.

LXX

Alia est heresis, quae dicit inspirationem animam esse, XCVIII
non inspirationem in animam datam fuisse, ignorantes quod,
si inspiratio anima est, quomodo diiudicari potest quod de
deo est infusum proprie? cum non adtendant quod inspiratio
diuini spiritus est quaedam gratia et prouectio dignitatis, ut
possit homo capax legis caelestis existere. Et quod habenti 2

1 Gen. II 7 **18** Psalm. CXVIII 73 **20** Psalm. L 13 **23** Gen. II 7

2 et *om A* **6** animam *A* **7** flagile A^1 sic immisso] sic im *in ras A* **9** ⟨*quod*⟩ *addidi*] ut *add Sichardus* **11** id est *om A* **14** spiritali⟨*s*⟩] et spiritalis *Sichardus* est spiritali *AB* finē *A* **15** collata *B* **16** impotens *B* tradio *A* **18** inquit *A* inquid domine *B* **23** hęresis *B* anima *A* **24** datum *A* **25** iudicari *B*

animam Adae patri nostro data est inspiratio, non anima
inspirata in eum sit, ostendit dominus in euangelio. Sicut
ante enim in Adam inspirauerat, ipse et postea apostolis
habentibus animam post resurrectionem diuini spiritus maio-
rem gratiam inspirauit, dicens: Accipite spiritum san-
ctum et cetera. Et non dixit animam accipite, sed spiritum
3 sanctum. Qui ergo inspirauit facto homini habenti animam
Adae, ipse et postea inspirauit beatis apostolis habentibus
animam, ut cognoscatur quod per ipsum cuncta facta sint et
4 sine ipso nihil factum sit. Nullius rationis est itaque ut uelit
quis aestimare inspirationem esse animam, cum facta cognos|
citur anima, quae sub legis condicione posita iudicio obnoxia
repperitur, de qua ait: Nolite timere eos qui occidunt
corpus, animam autem non possunt occidere, sed
hunc timete, qui potest animam et corpus | perdere
5 in gehennam. Inspiratio itaque non est anima, sed gratia
dignitatis, de diuino spiritu a deo Christo perueniens omnibus,
quam habentes et custodientes adiectionem accipiunt gratia-
6 rum, ut apostoli et prophetae et omnes iusti. Iniusti autem
neglegentes ac contemnentes amittunt tantum meritum digni-
tatis, ut Saul ille, de quo dictum est: Recessit ab eo
spiritus domini, et inmundus spiritus fatigabat
eum. Et quod in malignam animam non intrabit
spiritus sapientiae scriptura testatur.

LXXI

XCIX Alia est heresis quae dicit hominis animam non factam a deo ita appellari animam, sed ante, inquit, intellectus uoca-

2 Gen. II 7 Ioh. XX 22 **10** Ioh. I 3 **13** Matth. X 28 **21** I Reg. XVI 14 **23** Sap. I 4

1 anima *A* **4** *ante* spiritus sp *erasum in A* **5** Accipe A^1 **6** accipe *A* **7** homine B^1 **9** quod per *B* ut per *A* **10** factum nihil *B* **11** inspiratione *A* **15** hanc A^1 **18** gratiā A^1 **22** sps *om* A^1 **27** inquid *B*

batur, et erat in caelo: postea autem, quia terrena desidera-
uit, discessisse eam de caelo, et ex eo eam animam nuncu-
patam arbitrantur, ignorantes quod in principio facta a deo
et creata post angelos anima est appellata | a domino, hocque
nomen proprietatis accepit a deo, ut anima, non intellectus
uocaretur, dicente scriptura: Anima eius in bonis demo- 2
rabitur. Et iterum: Quod non derelinquis animam
meam in infernum. Et iterum: Conuertere anima mea
in requiem tuam. Et iterum: Anima mea conturbata
est ualde. Et iterum: Ita desiderat anima mea ad 3
te, deus. Et iterum: Benedictus dominus, qui fecit
animam meam. || Illud itaque filosoforum inanes sententiae
ad*se*runt, non scriptura diuina ita praedicat.

LXXII

Alia est heresis quae pecudes, serpentes et aues rationa- C
biles arbitratur esse ut homines, sicut Manichei et Gnostici
perditi et quid*am* de poëtis et filosofis Stoicis uanissimi
suspicantur, ignorantes quod homo rationabilis intellectum
habet animi de deo, id est scire posse de deo et credere,
sensum autem habet corporis <*communem*> cum pecudibus
quippe et ceteris aliis similibus, quae sensum quidem cor- 2
poris habere possunt, intellectum autem | animi de deo habere
nullo modo possunt, aut animam inmortalem ac rationabilem,
ut homo, qui imago est appellatus <*dei*>, dicente scriptura:
Nolite fieri sicut equus et mulus, in quibus non 3

6 Psalm. XXIV 13 **7** Psalm. XV 10 **8** Psalm. CXIV 7 **9** Psalm. VI 4 **10** Psalm. XLI 2 **11** Ierem. XXXVIII 16 **25** Psalm. XXXI 9

1 terrea desiderabit *A* **2** ea animam *A* **5** accipit *A* **6** uocarentur *A*[1] **7** derelinquit *A* **8** inferno *B* animā meam in *B* **12** philosophorum inani *B* sententiae] *litterae* ntię *in ras B* **13** adserunt *Sichardus*] adheserunt *A* adhaeserunt *B* non *A* non in *B* **15** hęresis *B* pecudes *A* pecudes et *B* **16** cognostici *A* **17** quidem *A* quid *B* philosophis *B* **20** <*communem*> *addidi* pecodibus *B* **22** autem *om A* **23** animum *A* **24** <*dei*> *alio loco add Sichardus* **25** in *om B*

est intellectus. Et: Homo in honore cum esset,
non intellexit, conparatus est pecudibus insen-
4 satis, et similis factus est illis. Sensus itaque pecu-
dum, auium et serpentium nobiscum communis est corpore,
intellectus autem solummodo est hominum, id est inmortalis
animae potentia de sancto in eam infusa spiritu, quae imago
dei est appellata, quae his omnibus imperat, regit ac possidet
uniuersa copiose, ut scriptum est: Dedi uobis omnia sub
potestate.

LXXIII

CI Alia est heresis quae dicit malos reges et pseudoprophetas
non a sua uenire et fieri uoluntate, sed a dei iussione eos
inmitti, ignorantes quod non a deo illos fieri pseudoprophetas
aut malos reges scripturae adnuntiant, sed contra dei uolun-
tatem sua uoluntate et inimici suggestione sic eos aduenire
2 declarant, ut Iamnes et Mambres contra Mosen beatum et
Aaron sacerdotes dei sub Faraone sua uenerant uoluntate,
cum dicat scriptura: Regnauerunt non per me, neque
per spiritum meum, dicit dominus. Et de pseudo-
prophetis ita: Haec dicit dominus ad pseudoprophe-
tas: Non illos mittebam et illi ibant in nomine
3 meo prophetare. Propter quod etiam contra illos saepe mortis
et in hoc mundo condignam dominus decernit sententiam nun-
tiando. Non sunt itaque a deo pseudoprophetae missi, neque
reges impii recedentes a domino, sed etsi excitantur mali contra
malos interdum dimittente domino, hoc gignitur ut a malis
4 mali consu*m*antur. Boni etenim sustinentes persecutionem, et

1 Psalm. XLVIII 13. 21 8 Gen. I 29 16 II Timoth. III 8 18 Os. VIII 4 (Gen. VI 3) 19 Ierem. XXIII 15. 21

2 comparatus *A* insensatus *B*[l] 3 pecodum *A* 6 animi *A* sca *A* 7 regi *A* 12 iussione eos inmitti *A* eos iussione emitti *B* 13 illo *A* 15 suā uoluntatē *A* 16 declarat *A* iannes et iambres *B* 19 pspeudoprophetis *B*[1] 20 dicit *om A* pspeudoprophetas *B*[1] 24 pspeudoprophetae *B* 25 a domino *om A* etsi excitantur mali *B* si excitant malis *A* 26 hoc *om A* 27 consumantur *Sichardus*] consummantur

iustitiam habentes apud dominum, repromissionem magnam futuri expectant praemii. Mali autem ideo a malis, non solum bonis, interdum perimuntur, ut illorum iniquitas etiam in hoc saeculo ex parte puniatur. ‖

LXXIV

Alia est heresis quae terrae motum non dei iussione et CII
indignatione fieri, sed de natura ipsa elementorum opinatur,
cum ignorat quid dicat scriptura: Qui conspicit, inquit,
terram, et eam commouet | terrae motu. Et iterum
adhuc: Ego mouebo caelum et terram. Non adtendentes 2
dei potentiam, elementorum naturae audent adscribere poten-
tiae motionem, ut quidam filosofi uaniloqui, qui rerum natu-
rae hoc adscribentes dei potentiam non cognouerunt, quod 3
etiam in huiusmodi rebus · indignatio dei et potentia operatur et suam commouet creaturam conuersionis causa et utilitatis quippe multorum peccantium ac redeuntium ad dominum saluatorem atque creatorem.

LXXV

Alia est heresis quae *s*ecu*n*dum paganorum uanitatem side- CIII
rum diuersa nomina profitetur, ut Hermes ille Trismegistus, qui uanus potius quam magnus iudicandus est, et poëtae quidam ei consimiles, qui cometas et pogonias et Hyadas, Haedos, et alia huiusmodi adserunt nomine delirantes, cum scriptura pauca nomina siderum nobis edixerit dicente Iob

8 Psalm. CIII 32 9 Agg. II 21

1 rephensionē *B*[1] repensionē *B*[2] repensationem *Sichardus* **2** futuram *A* exspectant *B* a *om B*[1] **3** iniquas *A* **6** hęresis *B* **8** conspicis inquid *B* **9** commoues *B* **11** potentiam *om B*[1] audient *A*[1] **12** philosophi uani *B* naturas *A* **13** dei *om A* **15** sua *A* **19** hęresis *B* secundum *Fabricius*] pecudū *A* pecodum *B* uanitate *B* **23** talia *B* asserunt *A* nomina *Fabricius* **24** dixerit *B*

beato propheta, ante quam pagani e sanctis scripturis siderum
2 nomina transtulissent. Dicit enim ipse Iob: Qui fecit Pliadas et Arcturum, inquit, et Hesperum et thesaurum ‖ austr*i* et Oriona et Luciferum. Haec itaque nomin*a* e sanctis scripturis accipimus nuntiata una: omnium siderum nomina | non dixit scriptura, sed potestati dei reseruauit per prophetam declarans et dicens ita: Qui numerat multitudinem stellarum, et omnibus eis nomina uocans.
3 Haec itaque pauca nomina legentes e sanctis scripturis poëtae postea falsique filosofi ausi sunt usurpantes suis mendaciis et alia plurima copulare atque impietatis semina saeculo praedicare, ut ex his sperare putarent etiam omnium siderum aut plurimorum nomina posse conprehendere, cum omnium siderum nomina non alter nisi deus Christus, per quem fecit pater uniuersa, posuerit et scierit, atque eis singula nomina uocauerit, ut scriptum est.

LXXVI

CIV Alia est heresis quae de lingua et linguis ambigit, cum scriptura dicat et unam linguam et linguas. Si ergo erat una ante, quia pauci erant, siue postea multae, quia multi creuerant iam nati homines in saeculo. non est adeo inutile hoc
2 ita sentire. Post quintam decimam enim generationem ab Adam usque ad sanctum Heber duo milia et septingenti anni sunt, sub quo confusio missa est linguarum, propter

2 Iob IX 9 XXXVIII 32 **7** Psalm. CXLVI 4 **16** l. s. **19** Gen. XI 1 X 5. 20. 31 XI 7

1 pagani e *B* paganis *A* syderū *A* **2** transtulisset *A* pliada s: *A* pliada *B* **3** ////acturū A^1 inquid *B* **4** austr*i*] austrū nomina e] *Sichardus* nomine *B* nomina *A* **5** una *A* nam *B* siderium *B* **6** potestate AB^1 **10** postea *om A* falsique philosophi *B* falsique falsique filosofi *A* **13** posse—siderum nomina *om A* **18** hęresis *B* ambiget *B* cum *om A* **22** quinta decimam *A* ·XV· *s. s.* mā *B* enim *B* aū A^2 *om* A^1 **23** duo milia & septingenti *A* ·$\overline{\text{II}}$·DCC *B*

peccatum quod fecerant aedificantes turrem et ciuitatem, et
ut rebellantes a deo hoc passi sunt. || Habentes enim angelicam 3
gratiam, id est multarum linguarum scientiam, non agnosce-
bant datorem tantae sapientiae dominum, contraque eum
conantes progredi | perdiderant gratiam, quam sine quodam
labore diuinitus habebant concessam et quod sine studio ante 4
donatum fuerat a domino et naturaliter omnibus, ut dei ima-
gini. Postea uero per studium et doctrinam, obliuione inmissa
a domino, uix discere praeualebant non omnes, nec multas,
sed uix paucas linguas, ita ut tres quis aut quattuor ualeret
ediscere, atque isdem uix eloqui. Adtamen omnem scientiam 5
linguarum, quam ante duo milia annorum et septingentos
annos offendentes amiserant homines, sub beatis apostolis
rursum post ascensionem suam dominus per sanctum spiritum
sine quodam labore credentibus conferebat, sicut scriptum
est in Actibus apostolorum. Angelicae enim uirtutis est lin- 6
guas scire omnium hominum: per fidem autem Christi sine
labore linguarum omnium credentibus subministratur scientia,
sicut legimus, docente diuino spiritu apostolos atque gentes
itidem credentes tunc temporis in Christum dominum salua-
torem sine labore linguarum omnium donatam scientiam
praedicasse, ut sub Petro et Paulo || et aliis factum est, cum 7
docerent gentes uenisse spiritum dei a deo: et linguis multis
eos potuisse eloqui, ut audientes homines mirarentur de gen-
tibus, quod tantarum linguarum et ipsi per fidem Christi
scientiam haberent sine doctrina concessam. |

16 Actor. II 4. 7. 12

1 peccata *A* **2** refellantes *A*' **7** et naturaliter *A* naturaliter *B* **8** studium et *A* studium atque *B* obliuionē missa *A* **9** nec *B* sed *A* **10** ualeret ediscere *Sichardus*] ualeret edicere *B* uel recte dicere *A* **11** eloqui adtamen *A* eloquia tam̄ *B* **12** ·II· annorum et ·DCC· *s. s.* tos *B* duo milia et septingentis *A* **14** spm̄ scm̄ *B cum signis transpositionis* **21** donatū *B* **22** cum *B* ut *A* **23** spm̄ *B* xpm̄ *A* **24** eo *A* mirentur *A* **26** concessa *A*

LXXVII

CV Alia est heresis quae dicit nomen linguae de Iudaeis pri-
mum processisse, alii de paganis, cum utrique hoc ita senti-
entes errore non paruo decepti sunt. Homo enim factus rati-
onis particeps fuit: *** qui ergo loquebatur ratione, quomodo
2 rationis erat alienus? Plus ergo prius rationis est esse
participem, et rationabilem dici, quam nomen speciale et
locale habere alicuius linguae atque ex nomine hominis possi-
dere aliquid. Ab Adam enim usque ad Heber duo milia et
3 septingenti anni transierunt. Erat ergo nomen linguae omnium
hominum unum et una lingua. Ex quo autem contra deum
cogitauerunt, subtracta est eis illa caelestis scientia, id est
linguarum omnium prudentia et sapientia. Et Heber quidem
sanctus qui*a* non discessit a deo secundum nomen ipsius,
deus uoluit genus eius pullulare amplius hocque nomine primum
in saeculo nuncupari, ut ab Heber, qui non consenserat
aedificationi turris rebellantium, Hebrei nomine appellarentur.
4 Prior || itaque non solum paganis, uerum etiam et Iudaeis, id
est ante septingentos annos Heber fuisse cognoscitur iustis-
simus, qui in deum credens | et a coniuratione sceleratorum
hominum separatus sui nominis primam hanc a domino nun-
5 cupationem meruit impetrare. Unde et poëtae uani aedificati-
onem illam ad sua mendacia transferentes gigantas docuerunt,
Haloidas illos rebellantes ascendere uoluisse in caelum per
inpositionem montium usque: inde eos fuisse damnatos.
Quorum deliramenta non latuerunt amplius scientiam ac peri-
tiam Christianam.

22 Hom. Odyss. λ 315

3 itaque *A* **5** *deesse apparet unum lemma ueluti haec*: alioquin enim loqui non poterat homo sed pecudibus, quae loqui nullo modo possunt, similis fuit **5** rationem *B* **6** orationis *Fabricius* **9** et *om A* **10** nomen *B* nem *A* **11** dnm̄ *B*[1] **14** quia *Oehlerus*] qui **15** hocque *A* hoc quoq: *B* **16** concesserat *A* **17** turbis babellantium *A* hẹbrei *B* **19** septingentis *A*[1] DCC *s. s.* tos *B* **22** impetrare] in *in ras B* **24** haloidar *A*[1] **25** impositionem *B* usque] atque *Sichardus*

LXXVIII

Alia est heresis de anno adnuntiato ambigens, quod ait CVI
propheta Esaias: A d n u n t i a r e a n n u m d e i a c c e p t a b i l e m,
e t d i e m r e t r i b u t i o n i s. Putant ergo quidam quod ex quo
uenit dominus usque ad consummationem saeculi non plus
non minus fieri annorum numerum nisi trecentorum sexaginta
quinque usque ad Christi domini iterum de caelo diuinam
praesentiam. Quod contrarium inuenitur, si ita quis senserit.
Nam quadringentos iam et plus annos transisse cognoscimus 2
⟨*et*⟩, ex quo uenit dominus, fuisse completos. Quomodo
itaque hoc erit | rationis de anno, sicut sentire uoluerunt hoc
ita quam plurimi? Dominus enim quae in uno anno || gessit 3
et docuit, haec sola praecepit conscribi, *non* quae ante facta
sunt ab eo ac dicta primis XXX annis secundum beatum
Iohannem, qui dicit mundum non capere posse, si uniuersa
scriberentur quae fecerat. Propheta itaque Esaias de anno 4
illo dixit saluatoris domini, in quo docuit usque ad passionem et resurrectionem et ascensionem in caelum, sicuti et ⟨*apostoli*⟩ beatissimi tradiderunt, non de trecentis sexaginta quinque annis, ut quidam arbitrantur, sed de anno illo post baptismum scilicet, in quo praedicans credentibus salutis mysteria reserabat de lege pariter et prophetis quae olim dicta sunt testando atque consummando.

LXXIX

Alia est heresis quae consummationem saeculi secundum CVII
temporum definitionem a deo Christo saluatore non fuisse

3 Es. LXI 2 **14** Ioh. XXI 25

2 annuntiato *B* **3** annuntiare *B* **5** dominus usque *B* mensusquae *A* **8** quis *A* qui *B* **9** quadragintos iam et *A* quadringentos iam *B* **10** ⟨*et*⟩ *addidi* **11** rationis *B* traditionis *A* **12** ita quam *A* itaq: *B* quae *om* B^1 cessit *A* **13** precipit conscribit *A* *non* quae *Oehlerus*] namque *A* nam quae *B* **14** triginta *B* **17** dno *A* usque *B* quae *A* **19** ⟨*apostoli*⟩ *addidi* **21** baptismo *A* **22** misteria *A* **25** *hoc caput CVII seruauit solus A* **26** non *erasum*

statutam adserunt hincque certum esse numerum consumma-
tionis suspica*n*tur, et non plus non minus opinantur, cum
prophetae undique nuntiauerint circa quingent*e*simum annum
fieri consummationem saeculi, et sic dominum de caelis
2 iterum aduenire. Danihel enim LXX septimanas numerat,
audiens a Christo domino: Audi, inquit, uir desiderio-
rum quia septuaginta septimanae statutae sunt
in populum tuum usque ad Christum ducem, ‖ ut
fiant omnia quae dicta sunt de ciuitate Hierusa-
3 lem et populo aduentura. Hoc autem sicuti ante quam
ueniret Christus in carnem Danihelo dictum est et paene
conpletum est, sic etiam idem numerus et post incorporatio-
nem domini *** usque ad legem quam accepit Moses et usque
ad terrae promissae introitum inuenies non satis longe a
4 quingent*e*simo annorum distare numer*o*. Dominus itaque cum
signa diceret diuersa, fames, persecutiones, inundationes,
terrae motus, pestilentias circa finem aduentura, Petro etiam
5 dixit beato per aenigma de annorum numerositate. Cum
diceret Petrus: Domine quoties peccanti fratri con-
cedam? ait dominus: Non septies, sed septuagies
6 <*septies*>, ostendens quidem et co*t*tidian*orum* humani gene-
ris delictorum infinitum numerum debere homini dimitti ab
homine et Iudaeo redeunti siue pagano, et aliis carnalibus
et ad Christi fidem de impietate redeuntibus atque eius eccle-
siam catholicam, cunctis omne debitum ab eis oportere con-
7 cedi credentibus. Nam et historiografi Iudaei docuerunt

5 Dan. IX 23—25 **15** Matth. XXIV 7 Luc. XXI 25. 26 **18** Matth. XVIII 21. 22

2 suspicatur *A, em Oehlerus* **3** quingentissimum **5** septemanas A^1 **6** aud///ens (i *erasa*) **7** septemane A^1 **12** et post incorporationẽ dn̄i *erasa sunt: desunt fere haec:* conplendus est usque ad consummationem saeculi, sicuti annorum numerum ab Abraham beatissimo seruo domini: *in marg stilo manu recenti adscriptum* ab abraham **14** introtū A^1 **15** quingentissimo numerū **16** inundatione **18** numerositatem A^1 **19** quotiẽs A^3 peccati A^1 **21** septies *om, add in marg manus illa recens stilo* cotidianā: *em Oehlerus* **23** iudae *s. s.* o A^1

dicentes a *Danihelo* quadringentos et octoginta plus annos
transisse et sic dominum aduenisse in carnem. Habes etiam
in Genesi euidentissime mysterium nuntiatum, de Cain sep-
ties,‖de Lamech autem septuagies septies uindictam: qu*o*
duorum populorum in du*a*bus personis unius impietatem,
alterius iniquitatem sine cunctatione ** scriptura*m* praenun-
tiasse non dubium est. L e x e n i m s p i r i t a l i s e s t, secun- 8
dum apostolum, e t h a e c, inquit, d u o t e s t a m e n t a s u n t.
Neque enim historiam amittimus, quod LXX annos fecerit
populus in Persida, neque spiritalem scientiam spernimus.
Ergo et septuaginta septimanae a Danihelo dictae quadrin-
genti nonaginta anni tunc paene completi sunt, et sic Christus
aduenit in carnem: et a Christi praesentia usque ad con-
summationem saeculi paene *e*unde*m* complendum annorum
repperies numerum. Septuaginta enim septimanas, Danihel 9
quas uidit, interpretes docuerunt illi primi sapientes, sept*em*
e*sse* septuagies <*id est*> quadringentos nonaginta annos ***
quem iubeleum in lege Iudaei — non isti, sed ueteres et
periti illi — <*id est*> annum remissionis Christi et indulgen-
tiae, ** carnalem praesentiam per figuram ante celebrante*s*,
summo gaudio expectabant, sicut in Leuitico continetur.
Iubeleus *enim* minor quinquaginta annos habet † non minus: 10
plus autem habere non potest; nam maior iubeleus quingentos
annos habet *** minor‖iubeleus quinquaginta. Maior itaque
minus dec*em* quingentos annos habet, ut ex hoc iubeleus

2 Gen. IV 24 **7** Rom. VII 14 Gal. IV 24 **22** Leu. XXV 10 *seqq.*

1 a Danihelo *Galeardus*] ad nihilo **4** quod **5** duobus **6** *deest ueluti* credentibus nobis scripturarum **9** fecerit] fec *in ras* **11** quadringinti **14** eunde*m* *Oehlerus*] unde **15** adanihel **16** sept*em esse*] septies et **17** <*id est*> *addidi* quadringintos *exciderunt fere haec*: id est decies tot quot habet iubeleus annos: **19** <*id est*> *addidi* **20** *deest ueluti* futuram eius celebrante **22** *enim*] autem *locus corruptus: scribatur oportet:* habet *uno* minus, <*maior quingentos annos decem minus*>: plus autem habere non potest. Nam maior iubeleus quingentos annos habet <*minus decem id est decies tot quot habet*> minor iubeleus *annos uno minus* quinquaginta **24** iobeleus **25** dec*em* *Oehlerus*] decima iobeleus A^1

unus Christi praesentiam consummationemque saeculi decla-
11 raret. Septuaginta anni <*de*> captiuitate populi in Persida
etsi historialiter accipiuntur, et postquam redierunt in Hieru-
salem et usque ad Christi domini incarnationem quingenti
paene inueniuntur completi, tamen hoc etiam spiritaliter
intellegendum est, quod post septuagies sept*em*, id est post
quadringentos et circa nonaginta annos oportet Iudaeos ***
sub antichristo, cum fallax inuentus fuerit a Iudaeis ipsis,
12 qui primum esse Christum aestimauerint. Non multo post
autem cognita eius perfidia atque fallacia, tunc gerentes
paenitudinem qui fuerint reliqui, omnes ad Christi fidem
domini peruolabunt, ac paenitentes delicta, ueniam ab ipso
Christo domino sicut ceteri impetrabunt, ut impleatur quod
13 dictum est: Amen dico uobis, iam me non uidebitis,
donec dicatis: Benedictus qui uenit in nomine
domini; et ut illud compleatur: Donec plenitudo gen-
tium intret, et sic omnis Israhel saluabitur, sicut
scriptum est; et: Si fuerit populus Israhel sicut
14 arena maris, reliqui saluabuntur. Et quod Esaias
beatus aperte de Christo docuerit, quod omnibus redeuntibus
indulturus est, ipse dominus dixit ita: Spiritus domini
super me, propterea uncxit me, euangelizare pau-
peribus, misit me, praedicare captiuis remissio-
nem, caecis uisum, adnuntiare annum domini
15 acceptabilem et diem retributionis. De qu*o* dominus
in templo cum accepisse*t* librum scripturamque hanc perui-
disset, ait apostolis et in omnibus hoc in sui praesentia
nunc fuisse completum. Quod et Danihel beatissimus adtendit,
quod ei dixerat dominus dicens: Audi uir desideriorum

14 Matth. XXIII 39 **16** Rom. XI 25. 26 **18** Es. X 22 **21** Luc. IV 18. 19 **27** Luc. IV 21 **29** Dan. IX 23

2 <de> *addidit Oehlerus* **6** septies **7** quadringintos *post* annos *excidit* incarnationis *desunt fere haec:* subiectos esse per aliquod tempus **9** estimauerunt A^1 estimauerint A^2 **18** si *om* A^1 **25** quod **26** accepisse et a*d*uerte ab exitu uerbi dei, id est a Christi incarnatione, atque eius iterum de caelo diuina *praese*ntia atque consummatione saeculi, quae cum angelis adfutura sit.

LXXX

Alia est heresis quae de gigantibus adserit quod angeli CVIII
miscuerint se cum feminis ante diluuium, et inde esse natos
gigantas suspicantur: cum Nembroth non ab spiritu, id est
non ab angelo, sed ab homine Chus, qui filius fuit Cham,
inde natus sit postea: qui et in scriptura primus gigans est
appellatus, quod iste coepit esse uenator, et fortis homo, ut
et gigans appellaretur in terra: inde *dicturi* sunt, inquit,
"sicut Nembroth gigans, ita fortis est", si qui ei
similis in fortitudine postea uideretur. Homines itaque fuerunt 2
fortes et a iuuentute rapaces, uastatores, iaculantes, cursitantes, praedationi uacantes, inde ueluti alieni non solum
morum, uerum etiam uisu hominum inormes aestimati, ⟨*ut*⟩
contra naturam aliorum hominum tanta scelera perpetrantes
nuncuparentur et gigantes. Gigans enim per et*y*mologiam ter- 3
rae monstrum dicitur, ex duobus nominibus conpositum, siue forma, siue uita, siue uisu, siue fortitudine, siue mole membrorum. Nam ut scias gigantas non de alia natura, sed de hominum fuisse progenie editos: et ΕΞΑΔΑΚΤΥΛΟΥϹ in Regnorum libris habes, quos forma grandi et mole membrorum diffusos et ingenti fortitudine de genere gigantum libri Regnorum adnuntiarunt post duo milia et trecentos annos diluuii:

6 Gen. VI 2 **8** Gen. X 8 **11** Gen. X 9 **23** II Reg. XXI 20

1 auerte **2** praesentia *Oehlerus*] sententia **5** gygantibus *A* **7** nembrod *B* a *B* **8** ab angelos et ab *A* **11** dicturi *editt* ducturi *B* *Sichardus* dicitur hi *A* **12** nebroth *A* nebro *B* gygans *A* **16** aestimati *A* etiam *B* ⟨*ut*⟩ *add Sichardus* **18** gygantes *A* gygans *A* ethimologia *A* ethomologiam *B* **19** compositum *B* **21** alio *A* **22** editus *A* ΕΖΑΔΑΚΤΥΛΟΥϹ *B* **23** molem *A* **24** gigantum regni librorum annuntiarunt *B*

4 sicut et illum Goliath, quem deiecit in pugna solus Dauid
beatissimus rex et propheta, cuius et aliorum talium: | Carra,
inquit, instructionem portabant armorum. Quia ergo
bestiali more a pueritia ad rapinam erant dediti huiusmodi
homines, et ueluti a natura hominum morumque alienos
5 scriptura nuntiauit. Nam quod illi angeli, qui de caelo deiecti
sunt, non sint humanae naturae similes, non est dubium,
nisi solum quia nefanda et contraria contraque legem suggerere,
sicuti et nunc hominibus faciunt, praeualebant || intrantes
6 in homines, id est suadentes; sicut Iudaeis inimicus humani
generis persuasit contra dominum contraque sanctos prophetas
talia scelera perpetrare, sicut scriptum est: Intrauit,
inquit, satanas in Iudam, ita igitur et ante intrantes
inmundi spiritus in animas hominum ac feminarum malae
7 persuasionis scelera in orbe terrarum diffuderant. Si qui
autem putauerit esse iustum angelos ita peccasse transformatos
in carne, ut in ea carne mansisse aut ita factos carnales
crediderit, uiolenta ratione decernit historiam, sicuti et
paganorum et poëtarum mendacia adserunt deos deasque
8 transformatos nefanda coniugia | commisisse. Quod si factum
est aliquando, et nunc fieri non erit ambiguum: quod autem
non factum est aliquando, nec modo fieri manifestatum est.
Gigans autem et in bono accipitur uirtutis causa: Exultabit
enim ut gigans ad currendam uiam. Quod in Christi
diuina praesentia probatum ostenditur atque consummatum.

LXXXI

CIX Alia est heresis quae dicit paganitatem a deo institutam,
non ab hominum malignitate et suggestione inimici uitiorum

1 I Reg. XVII 2 I Reg. XVII 7 7 Apoc. XII 7—9 II Petr. II 4 Iud. 6 12 Ioh. XIII 27 23 Psalm XVIII 6

1 illud *A* goliat *A* 3 instructione *A* 4 pueritiam *A* 7 naturae—nisi *om A* 9 proualebant *A*[1] 10 humanu *A* 11 dñm *A* dm̄ *B* 14 amas *A*[1] 15 orbem *B* 17 carne mansisse *A* remansisse *B* carnates *A*[1] 18 historia *A* 20 commississe *A* 22 manifestum *B* 23 gygans *A* Exultauit *A*

causa et facinorum gignendorum fuisse excogitatam. Quae
ergo a deo instituta est, quomodo damnatur ab eodem deo?
Nam quod ab origine mundi dei patris || omnipotentis et filii
eius et sancti spiritus scientia nuntiata sit, non est dubium.
Cum enim in libro creaturae mundi, id est in Genesi scriptum 2
habeas: Et dixit deus, et fecit deus; et iterum: Dixit
deus: Fiant luminaria *** et sexto die dixit deus: Fa-
ciamus hominem ad imaginem et similitudinem
nostram. Et ⟨*quod*⟩ fecit deus non angelo utique persuasore 3
in creatione hominis, sed filii sui, Christi domini nostri et
spiritus sancti, manifestatum est. Habes enim in Genesi, id
est in primo libro sanctam adorandamque trinitatem ante
hominibus nuntiatam. Dicit enim ita: Et pluit dominus
a domino sulphur et ignem. Et iterum de spiritu in 4
primo die: | Et spiritus dei superferebatur super
aquam. Et Farao rex Aegypti dicit: Quis haec interpre-
tabitur, inqui*t*, nobis, nisi qui dei habuerit spiri-
tum? Et Dauid: Verbo domini caeli firmati sunt, et
spiritu oris eius omnis uirtus eorum. Postea uero 5
uoluntas hominum praua, recedens a tanta scientia pietatis,
idolorum mendaciis ac uanitatibus studiose cum properat
inseruire, turpissimaeque uitae se dare maluisset, iudicio
damnationis obnoxia tenebatur, ita ut ante prophetae dice-
rent: Sacrificans diis eradicabitur. Et iterum: Dii
qui caelum non fecerunt, eradicabuntur. Et ideo et 6
dominus non suam nouam praesentiam ostendebat dicens:
Qui loquebar in prophetis, ecce adsum. Neque ergo

6 Gen. I 3. 6. 7 Gen. I 14 **7** Gen. I 26 **13** Gen. XIX 24 **15** Gen. I 2 **16** Gen. XLI 38 **18** Psalm. XXXII 6 **24** Exod. XXII 20 Psalm. XCV 5 **27** Es. LII 6

4 scientia *om A* est *B* sit *A* **5** Cur *Oehlerus* creatore *A* **7** *deesse apodosin apparet* **8** ad imaginem *om* A^1 **9** ⟨*quod*⟩ *addidi* **10** in *B* utique in *A* **11** sancti spiritus manifestum *B* **13** nuntiata *A* **14** a domino *om* A^1 sulphor A^1 in *om A* **17** inquid *B*, *om A* **25** Et ideo et A^2B Et ideo A^1 **27** loquebatur *B* (tur *in ras*)

‖angelos adorari praecepit alicubi dominus, neque mundi
elementa, nec creaturam aliquam, neque idola, quae hominum
uoluntas pessima sui sceleris et turpitudinis perpetrandi
causa maluit inuenire, ut colentes ea effusam operandi mali
7 possint habere licentiam. Nam et ipsud nomen idoli species
doli et formae praeuaricatio de interpretatione Greca est
nuncupatum. Trinitas itaque Christianitatis ab origine mundi
praedicabatur, et ueritas pietatis sine intermissione ubique
docebatur. Nam et Dauid | docet: Dixit dominus domino
meo; et: Spiritus tuus bonus deducet me in uiam
rectam; et iterum: Spiritus domini impleuit orbem
terrarum; et: Quo fugiam ab spiritu tuo, et a facie
8 tua quo uadam? Nam Salomon beatus docet quod idolatria
ab homine instituta sit illo qui amissum filium suum cum
diu fleret qu*on*dam ut pater, fecit imaginem ei*us*dem, et
uidendo delectabatur in ea; atque ex eo traditum fuisse
posteris diuersamque impietatis materiam inde humano in
genere pullulasse.

LXXXII

CX Alia est heresis quae dicit Christianos nuperiores et posteriores Iudaeis et paganis fuisse creatos, ignorantes quod Iudaeis et paganis natura priores creati sunt et fide, uita et tempore, sacrificio ‖ et conuersatione.

2 Fide quidem, quia ab Adam usque ad Moysen tribus annorum milibus et septingentis annis omnes iusti deum et deum, dominum et dominum colentes, etiam spiritum sanctum, ueram nuntiabant trinitatem, ita ut ipsam trinitatem integram

9 Psalm. CIX 1 **10** Psalm. CXLII 10 **11** Psalm. CIII 24
12 Psalm. CXXXVIII 7 **13** Sap. XIV 15

1 neque *B* Ne *A* **3** suis *B* **5** ipsum *B in ras* **7** ogine A^1
10 tuus *om A* me *om A* **11** implebit *A* **12** ab *A* a *B* **14** sint
A^1 illo *om B* **15** quidam ut *om B* eidem **16** traditam *B*
fuisset *A* **20** nuperrimos *B* **22** sunt *B* si sunt *A* **23** tēpora *A*
24 *post* tribus a *erasa in A* **26** dnm̄ et dnm̄ *B* dnm̄ A^1 et dnm̄ A^2
27 ita ut ipsam trinitatem *om A*

sine labore possis cognoscere ab illis beatis prioribus et anti-
quis *** nobis etiam postea hoc fuisse manifestat*um* a domino.
Cum enim dicit scriptura: Pluit dominus a domino 3
super Sodoma et Gomorra sulphur et ignem, quid
ibi uidetur nuntiare? nonne deum patrem per filium suum,
id est Christum deum cuncta signa et mirabilia perfecisse
declarauit? Quod sciens Dauid dominum patrem et dominum
Christum, id est uerbum eius, et sanctum spiritum <*cum*>
nuntiabat, | trinitatem quidem personarum, unius tamen maie-
statis et substantiae ac diuinitatis aequalem potentiam nun-
tiabat. Tamen filium de deo patre esse priore et sanctum 4
spiritum proprie demonstrauit edocens: Verbo domini
caeli firmati sunt, et spiritu oris eius omnis
uirtus eorum; et iterum alibi: Dixit dominus domino
meo. Et omnes prophetae de uerbo et spiritu nuntiauerunt,
ubique ita dicentes: Et factum est uerbum domini ad me,
et: Spiritus, inquit, domini fuit ad me. Ergo non est 5
fidei causa temporalis Christianitas, sed ante Iudaeos et paga-
nos in lege quidem studentibus et quaerentibus erat manife-
stata: non autem capientibus || uix patris omnipotentis scientia
nuntiabatur a sanctis illis doctoribus et perfectis.

Vita etiam non alia priores illi sancti nisi h*ac*, in qua nos
uiuimus, utebantur. Usque ad Abraham enim beatissimum 6
non circumcisionem habentes, non sacrificiis gaudentes deo
placebant, et iusti in omnibus ab eo nuntiabantur. Dixit enim
Dauid: Sacrificium deo cor contribulatum; et: Im-
mola deo sacrificium laudis. Et quod necessitate indo-

3 Gen. XIX 24 **12** Psalm. XXXII 6 **14** Psalm. CIX 1 **16** Es. XXXVIII 4 **17** Es. LXI 1 Ezech. XI 5 **26** Psalm. L 19 XLIX 14

1 laborē A^1 possit *A* **2** *excidisse haud pauca apparet uelut* ante nuntiatam, in scripturis *alia* hoc postea *B* manifestatam **3** dn̄s *B* dn̄s (*in fine uersus*) dn̄s *A* **4** gomurra *A* sulfur *A* **5** tibi *B* **8** <*cum*> *addidi* **11** patrem A^1 priore et sanctum spiritum *om A* **18** causam *A* (m *in ras*) cristianitas *A* xp̄ianitatis *B* **20** cupientibus *B* uox *Sichardus* omnipotentisque *Sichardus* scientiā *B* **22** hac *Sichardus*] hanc in quam *A*

cilitatis cogente sacrificia temporalia, non perpetua nec uera
fuerant indicta Iudaeis nec salutaria, dicit propheta ad Iu-
daeos: Ecce ego facio noua, et: Priusquam ueniant,
7 adnuntiata sunt uobis. Ante ergo Iudaeis Esaias testa-
batur propheta: Qui enim haec | exquisiuit de manibus
uestris? Et iterum: Circumcidimini corda uestra,
et non corpora uestra. Quale autem et sacrificium
Melchisedech sub Abraham inprimis optulerit, ante quadrin-
gentos triginta annos quam *** Iudaei nominarentur aut Iudas
nasceretur et antequam *** acciperent, in libro Geneseos
peruides, <*id est*> mysterium Christianitatis, ut omnia quae
in Christianitate sunt, siue fides, siue uita, siue sacramentum,
non temporalia, sed ab origine mundi statuta et nuntiata et
potius celebrata cognoscas. ||
8 In Christo autem et per Christum, per quem cuncta facta
sunt, oportuerat nos *** ab eo uidere et cognoscere, et, quod
erat maius in lege mysterium de eo ante nuntiatum, ab ipso
plenius excipere completum atque consummatum.
9 Nam quod et castitas similis fuerit in prophetis quam
plurimis non est dubium, ut in Helia beato, Heliseo sancto,
Danihelo, Hieremia, Hesdr*a* et tribus pueris, et aliis multis
beatissimis: ut in Christi praesentia et, quod supra legem
erat, ante nuntiatum ab eis cognosceretur, et quod per legem
coniugium erat, ipsius firmaretur diuina sententia, uoluntati-
10 que hominum et studio concessa haec gratia nosceretur. | Ideo

3 Es. XLIII 19 Es. XLVIII 5 **5** Es. I 12 **6** Ierem. IV 4 **7** Gen. XIV 18 **8** Galat. III 17 Exod. XII 40 **10** Gen. XLIX 8 *seqq.* **15** Ioh. I 3

1 cogentes *B* **4** annuntiata *B* **7** Qualem *A*[1]*B* autem et *B* autem *A* **8** obtulerit *B* quadringintos *A* **9** *excidisse apparet fere haec uerba*: Iudaeos de terra Aegypti eduxit Moses beatus, etiam multis annis antequam (*Frick chron. min. p. 56, 3*) **10** *deest* repromissionem Iudae **11** <*id est*> *addidi* **13** ab *B* ad *A* **16** *deest ueluti* tantam scientiam per mandatum nuntiatam ante et *om B* et quod *B* quod *A* **17** ab ipso—completum *om A* **21** Hesdr*a* et] hesdre et *A* hesdrę *B*

et ipse dominus priores illos sanctos ante legem nobis et nos illis prioribus secundum fidem iustitiae copulabat, Iudaeos autem et paganos respuens, qui medio tempore inter mandatum erant et gratiam positi: qui inimica uoluntate ac perniciosa pessumdati repperiuntur in uitiis carnalibus, doctrinaeque caelesti inimici et aduersarii, aeterno poenarum iudicio reseruati.

LXXXIII

Alia est heresis quae dicit nasci paganos ⟨*nos*⟩ naturaliter, CXI
non Christianos, id est rerum natur*a* corpus et animam
hominis non a deo per Christum creari cottidie, sed per
uanitatem paganam ita progredi arbitrantur, cum ab Adam
usque ad Abraham, ‖ et postea usque ad Iudam, qui post
Abraham quartus est in generatione, non pagani fuerint,
neque Iudaei appellati, sed gentes a prouinciarum nomine et
diuersitate nuncupati. Pagani autem post Iudaeos siue a pago, 2
id est loco, siue prouincia una dicti sunt siue Pagano rege,
quod uerum es*se*, ut ait Hesiodus Grecus poëta, manifestatum
est. Si ergo a pago, loci est indicium, sicuti et nunc dicitur
'de pago illo': si autem de idolis, *** quod ea colentes sculp-
tilia ita nomina|bantur pagani, id est gentiles. Quae non a 3
deo idola, sed ab hominum prauissima inuenta sunt uoluntate,
sicut et scriptura nostra et paganorum quam plurimae hoc
nuntiarunt, homines haec inuenisse ad seductionem damnationemque animarum, quod illa aspiciens populus delectabatur

18 Hesiod. catalog. fragm. 21 Rzach **24** Sap. XIV 15

3 paganos—medio *om A* tempore *B* re *A* **6** caelesti *A* coelesti *Sichardus* caelestis *B* **7** reseruari *A* **9** paganas *A*[1] ⟨*nos*⟩ *addidi* **10** natura *Sichardus*] naturarū anima *A* **11** creati *B* cotidie *A* **13** et postea *om A* **14** non *om A* **15** a *om A* **16** aduersitate *B* pago *B* pagano *A* **17** a prouintia *B* a pagano *B* **18** esse *Sichardus*] est manifestum *B* **19** ego *A* paga *A*[1] **20** *desunt fere haec:* nomen paganorum processit, hac nuncupatione manifestatur nobis **21** nominabatur *A* gentilis *A* **22** uoluntate *om A* **23** hoc *B* hunc *A* **24** ad *B* a *A* seductione *A* damnationemque *om A*

epulis, in quorum uanitate suis animis interitum adferebant.
4 Certa autem est probatio et maior, quod ipsi pagani in suis
historiis referunt, quod a Pagano rege, ut ait Hesiodus Grecus
poëta, pagani sunt appellati: qui postea ex rege Pagano,
Deucalionis filio et Pyrrae, quasi plausibile atque amabile
nomen eius habentes, immo potius colentes memoriam eius
usque in hodiernum diem, hoc mendacium nominis usque
5 nunc detinent percolentes. Hellen itaque, id est Grecus homo,
a lingua et a nomine regis dicitur, qui fuit Deucalionis filius,
qui ita appellatus est, sicut ab Italo Itali et Romani a
Romulo et Latini a Latino nomen acceperunt, non ab idolorum
6 impietate. Idola etenim, id est formas sculptilium, hominum
postea pessima uoluntas inuenit. Linguam autem Grecam
prouinciae unius proprietas declarauit, quam rex paganus ex
suo nomine confirmauit, ut Romanos Romulus nuncupauit,
et ut ait Hesiodus a Greco rege fuisse Grecos appellatos,
qui Grecus nomine filius fuit Deucalionis.

LXXXIV

CXII Alia est heresis quae dicit incertum numerum esse annorum a mundi origine, et ignorare homines curricula temporum, cum ab Adam usque ad diluuium decem sint generationes et annorum duo milia ducenti et quadraginta duo anni, et a diluuio usque ad confusionem linguarum sub Heber sancto, qui non consenserat aedificationi turris, quinta sit generatio, paene sescenti anni, quando et nomina prouinciarum diuisa sunt, ueluti septuaginta quinque linguarum et

1 Exod. XXXII 6 3 Hesiod. catalog. fragm. 21 Rzach 16 Hesiod. catalog. fragm. 24 Rzach

1 afferebant *B* 2 in suis—poeta pagani *om A* 5 passibile *A* 8 helleni *A* 10 ita *B* italus *A* itali *A* ita *B* romani a *B* romana *A* (n *in ras*) 12 enim *A* 20 a *om A* 21 generationis *B*¹ 22 et ducenti et *B* 23 a *A* ad *B* confusionem *B* consummationem *A* 24 turri *A* 25 sexcenti *A* 26 septuaginta quinq: *B* septuaquinq: *A* LXXII *Sichardus*

exinde usque ad Abraham beatum patriarcham quinta est
generatio, anni quingenti quadraginta. Et ab Abraham usque 2
ad Mosen septem generationes, anni quadringenti triginta, ||
ut ait beatus apostolus: et a Mosen usque Samuhel iudicem
sescenti uiginti nouem anni: et a Samuhel et Dauid usque
ad captiuitatem Iudaeorum in Persida anni paene quingenti:
et a captiuitate usque ad domini nostri praesentiam anni
paene quingenti: et inde a domino usque nunc anni quadrin-
genti triginta plus minus. Ergo si haec fides erat in illis 3
prioribus sanctis nostris patribus quae in nobis est, ab illis
autem ante est tradita praedicata, id est patris et filii et
sancti spiritus haec quippe diuina scientia, quomodo tempo-
ralis est, ut quidam aestimant, et non ab origine mundi
haec ante scientia Christiana cunctis hominibus nuntiata,
quae in mandato et lege manifestata praedicata ostenditur? Si 4
autem in medio temporis sub Mosi per umbram minus dictum
sit aliquid, non utique dantis erat inuidia domini, quantum
non capientis populi caeleste mysterium incapax et debilis
hominum et non ualentium incusab*i*tur infirmitas. Denique 5
ipse Christus dominus quod ante nuntiauerat per sanctos
prophetas, hoc et postea firmando praeceperat, dicens: Euntes
baptizate omnes gentes in nomine patris et filii
et spiritus sancti, ut non solum fidem pristinam ab
origine mundi hanc esse declararet, uerum etiam uitam, || in
qua nos hodie degimus, in circumcisione cordis, non carnis
iactantia conprobaret. Errant ergo nimium qui generationem 6

4 Galat. III 17 **21** Matth. XXVIII 19 **26** Galat. VI 12 Ierem. IV 4

3 moysen *B* anni *B* an̄ (*erasum*) *A* quadringenti (i *super* e *posita*) *A* **4** beatus *om A*[1] mosen *A* moysen *B* samuel *A* iudicem *om A* **5** sexcenti *A* samuel *A* **7** nostri *om A*[1], *add A*[2] *in marg* **8** quadringinti *A* **11** tradita et *B* **14** hanc *A* **15** manifestata et *B* **16** moyse *B* per umbram *B* sub umbra *A* **18** capientes *A* debiles *A* **19** ualentinum *A*[1] incusabitur *Sichardus*] incusabatur **23** ut *B* et *A* priscam *A* **25** hoc die degemus *A* **26** conprobarent *A* cumprobaret *B* erant *B*

hominis aut paganae impietati aut Iudaicae audent adscribere
uanitati, cum Iudaeum nisi die octaua susceperit ***, Iudaeum
non licet appellari, nec paganum aeque, nisi deos uanos
7 hominem fecisse putauerit. Ergo natura rerum deo adscribenda
est, non alicui horum uanitati: doctrina autem, quae secundat
post naturam, si uera fuerit, fidei dei copulanda est ac saluberrimae seruituti iungenda, non recedens ab ea quippe, sed
suum potius per fidem agnoscens dominum recordansque
8 creatorem naturaliter. Itaque non naturae animi infirmitas
hominum, sed praua uoluntas est potius accusanda, dicente
domino: Et nunc si uolueritis et audieritis me, bona terrae manducabitis: si autem nolueritis, nec audieritis me, gladius uos comedet. Os enim domini locutum est hoc. Et dominus: Venite ad me omnes qui onerati estis, et ego uos subleuabo.

LXXXV

CXIII Alia est heresis quae dicit nomina dierum, Solis, Lunae,
Martis, Mercurii, Iouis, Veneris, Saturni, | a deo haec ita
posita ab origine mundi, non hominum uana praesumptione
nuncupata, cum a prima origine, ‖ usque ad Grecos reges et
Hermen fallacissimum illum, qui haec nomina uanissima et
friuola mentiendo ausus est nuncupare, si quaerere uolueris,
2 inuenies multum fluxisse temporis, et sic paganos, id est
Grecos haec nomina posuisse, cum haec nomina *** etiam
secundum septem stellas dixerunt hominum generationem

2 Leuit. XII 3 Gen. XVII 12 11 Es. I 19. 20 14 Matth. XI 28

1 impietate *B* 2 dies *B* susciperit *B* *deest ueluti* pater et circumciderit 3 nec *om A* 4 homines *A* abscribenda *A* 5 uanitatis *A* foecundat *Sichardus* 6 fides *A* 8 dnm̄ *B* dm̄ *A* 10 parua *A* 13 nec *B* et *A* 15 honerati *B* 18 mercuris *A* 20 primo *B* 21 nomina *B* omnia *A* uanissime *A* 22 fribola *B* fribula *A* 24 haec nomina *del Fabricius: exciderunt fere haec*: imposita esse diebus pagani ipsi testentur secundum septem stellarum uanissima nomina: qui

consistere, ut ille ipse delirans hoc definit. Dierum enim numerus primus, secundus, tertius, quartus, quintus, sextus, septimus, a deo est appellatus, non in hac uanitate nuncupationis turpissimae initio nuntiatus aut traditus.

LXXXVI

Alia est heresis quae dicit mundos esse infinitos et innu- CXIV
merabiles, secundum filosoforum quorundam inanem senten-
tiam, cum scriptura mundum unum dixerit et de uno nos
edocuerit, haec etiam de apocryfis prophetarum, id est secretis,
ut ipsi pagani dixerunt, sumentes; ut et Democritus ille, 2
qui multos | mundos esse adseruit, deque sua sapientia cum
hoc praedicat, multorum animas sensusque dubios diuersis
erroribus concitauit.

LXXXVII

Est heresis quae cum legit in Genesi uerbum dicente CXV
domino de Adam: Ecce Adam factus est quasi unus
ex nobis, sciens bonum || et malum: et nunc ne
quando extendat manum suam et tangat et gustet
de ligno uitae et uiua*t* in aeternum, expulit, inquit,
eum dominus de paradiso inuidiae causa. Et primum hoc 2
sentiunt, quod alter deus fecerit animam, alter carnem, ut
Manichei, *G*nostici, Nicolaitae *et* alii perditi arbitrantur,
dicentes quod alter quidem bonus deus est, alter autem
malus, inquiunt, in hoc saeculo. Et malum deum hunc aesti- 3

6 *exscripsit* Augustin. de haeres. 77 **10** Democritus ap. Hippolyt. contra omn. haeres. I 13, 2 Diels doxogr. p. 565, 9 Laert. IX 44 **16** Gen. III 22

6 *Hoc caput contra cod A auctoritatem fecerunt CXV editores* **7** philosoporum *B* scientiam *A*: *conf* 75, 2 **9** docuerit *B* **10** ut *Sichardus*] et *B* sed *A* **15** *Hoc caput contra codicis A qui solus seruauit auctoritatem editores fecerunt CXIV* **19** uiuā **22** ignostici et] ut. *s. s.* et *A* **24** inquiunt *suspectum, expectes* inquit

mant dixisse ut pelleretur de paradiso, non adtendentes quod
unus deus atque idem pater per filium fecerit Adam patrem
nostrum, dederitque ei mandatum, ut custodito eo permaneret
inmortalis, praeuaricatoque mandato pelleretur de paradiso,
4 ut scriptum est; et quia suasione inimici hoc perpessus est,
cum non adtendunt ad Christi misericordiam, in praecipitium
5 mortis descendunt perpetuae. Hic itaque non inuidens deus
repulit patrem nostrum de paradiso, *ut* non ibi moraretur,
aut non gustaret de ligno uitae, sed magis eidem consulens
in paruo peccanti non pepercit, ne parcendo ad maiora etiam
crim*ina* alia inueniret eum prodeunte*m* aetate ampliore postea-
6 que criminali iudicio reum factum acrius condemnaret. Nam
inter hominem || et diabolum erat Christus auditor pariter et
iudex iustissimus et bonus in omnibus. Itidem et homini
quidem in modico pecca*n*ti non pepercit, dans nihilominus et
huic condignam sententiam iuxta peccatum quod fecerat, et
7 diabolo aeque locum paenitentiae relinquens. Non autem
intellegente diabolo, ut mali tanti suggestionis paenitudinem
gereret, maius e*i* post seruabat iudicium. Et homo quidem,
cum pellitur e paradiso, pronior ad paenitentiam repperitur:
diabolus autem, cum durior ad paenitentiam peruidetur,
maiorem futuri iudicii a Christo domino seu*erita*tem expectat,
sicut dictum est: Noluit intellegere, ut bene ageret.
8 Et iterum: Malitiam autem non odiuit. Quia ergo in
paruo peccans *** recepit Adam, persuasus a diabolo ut man-
ducaret, egitque statim paenitudinem, meruit delicti ueniam
inpetrare, atque in paradisum in Christi praesentiam filiorum
9 etiam procreatione remeare. Diabolus autem, non gerens
paenitudinem, et eius satellites maiori iudicio reseruantur, ut
dixit dominus: Ite a me in ignem aeternum, quem
parauit pater meus diabolo et angelis eius.

23 Psalm. XXXV 4 **24** Psalm. XXXV 5 **30** Matth. XXV 41

1 pellerentur **3** eis A^1 **4** pellerentur A^2 **8** et **11** crimen (*super* m *linea erasa*) prodeunte (*em Oehlerus*) **15** peccati (*em Oehlerus*) **18** tantis **19** es **22** seruitutem (*em Galeardus*) **25** *excidit ueluti* fructum de ligno uitae a muliere

LXXXVIII

Sunt quidam heretici qui patrem nostrum Adam et Euam CXVI
matrem nostram aestimant caecos ante fuisse quam gusta-
rent‖de arbore, posteaque eos aperuisse suos oculos, ac tunc
quod nudi essent peruidisse, cum ante scriptura dixerit quod
uidit, inquit, Eua oculis suis arborem et fructum
eius et, quia bona aspectu et suauis uisu, et exten-
dens manum gustauerit. Hereticorum est itaque demen- 2
tiae et Iudaeorum potius caecitatis hoc ita sentire, cum
modum non intellegant nuditatis *** hancque amissionem
inmortalitatis in praeuaricatione mandati nos docuit, non
corporis nuditatem. Quod nos apostolus docuit dicens: Et, 3
si induti Christum, inquit, non nudi inueniamur: et
iterum: Induite Christum Iesum: et quod dominus in
euangelio *** increpat dicens illi qui non indumentum nuptiale
habuit, qui erat uocatus ad nuptias.

LXXXIX

Est heresis quae, cum audit in Genesi quod dominus CXVII
pellicias tunicas post praeuaricationem nostros parentes uesti-
rit, aestimant corpore tunc temporis fecisse eosque sic
induisse, cum septimo die scriptura dixerit accepisse deum
terram de limo et plasmasse eorundem corpora, atque ita
mulieris carnem de costa Adae postea perfecisse. Non ergo 2

4 Gen. III 7 **6** Gen. III 6 **12** II Cor. V 3 **14** Rom. XIII 14 **15** Matth. XXII 11 **18** Gen. III 21 **22** Gen. II 7. 21 *seqq.*

4 apperuisse *A* hac *A* **5** ate *B*[1] **6** inquid *B* eua *A* etiam *B* **7** et quia *B* et (*erasum*) et (*additum m. 2*) quia *A* **8** dementia *A* **9** cecitates *A* hoc *B* hoc est *A* **10** intellegat iudicatis (n *super* a *posita*) *A* *excidisse apparet fere haec*: Nam scriptura Adam patrem nostrum et Euam matrem proiectos fuisse de paradiso praeuaricato mandato nuntiat apertissime et sic sensum habuisse nuditatis **13** inquid *B* **14** induti *A* **15** *exciderunt fere haec*: per aenigma dixit cum rex ille nuptialē *A* **18** *Cap. CXVII solus A seruauit* **19** uestirit *Oehlerus*] uestiri **20** corpore] *in ras*: *conf 89, 4* corpora *Galeardus* **22** eorūndē

hic corpora eorum pellicias tunicas nuntiabat, sed de potentia
diuina dedisse eis sapientiam declarabat, ut facerent‖sibi
corporum indumenta, ut scriptum est: Qui[s] dedit mulie-
3 ribus sapientiam ad texendas tunicas. Si autem
quis uoluerit accipere quod dominus fecerit eis tunicas, et
*** omnipotens fecit ex nihilo, quod scriptum est: Qui uocat
4 ex nihilo ea quae non sunt tamquam quae sunt. Si
ergo sua sapientia fecerint tunicas, ut ait propheta, rationis
est, siue deus sua uirtute hoc illis praestiterit, non inritum.
5 Nam in templo mulieres et uirgines operabantur purpuram
et byssum et linum et alia utensilia ad honorem templi
atque *coo*perimentum, pariter etiam ornamenta templi diuersa
et uaria.

XC

CXVIII Est heresis quae in Exodo cum audit quod Mosi occurrerit
angelus in diuersorio | ubi adplicuerant eumque uellet inter-
ficere, non eius filium qui nondum fuerat circumcisus, non
2 paruum hinc sibi adsumit scandalum. Si enim et ita quis uult
sentire, quod minas ei tendebat angelus, quia transactis
diebus statutis, id est octo, in quo octauo oportuerat circum-
cidi masculum, non fecissent, deique ita praeceptum contem-
psissent *** Ideoque in parua aetate constitutorum culpa
filiorum non est illorum, quantum parentum eorum, ut
3 scriptum est. Unde, cum intellegeret ‖ quod culpa esset
parentum, non infantis, Statim, inquit, accepto cal-
culo circumcidit puerum mater eius, cuius uisu

3 Exod. XXXV 31. 35 6 Rom. IV 17 10 Exod. XXXV 25 15 Exod. IV 23 *seqq.* 24 Leuit. XII 3 Gen. XVII 12 25 Exod. IV 25

3 quis 6 *exciderunt fere haec*: omnia quae sunt in hoc mundo scire nos conuenit quod 8 fecerit 10 mulieris et uirginis 11 tepri *A*[1] tepli *A*[2] 12 *coo*perimentum *Oehlerus*] quod perimentum 15 moysi *B* occurreret *A* 16 applicauerant *B* eum quē *A* 19 eis *B* qui *Oehlerus* 20 circumcidi masculum *B* circūcidimus cū *A* 22 *excidisse multa apparet ueluti haec*: parentes, recte eum accipere scripturam non erit ambiguum. parua] *Sichardus* parui *B* pari *A* 25 cauculo *B*

sanguinis ilico recessit ab eodem angelus, mortisque poenam,
quam ei minabatur inferre, omni modo remouerat. Non 4
enim Moses in illa hora dinoscitur circumcisus, sicut qui-
dam opinantur, sed filius ipsius est circumcisus, quia quod
ante sub patriarchis et lege iubebatur, tardo opere, non
ueloci, implebatur a populo aut parentibus quorundam, ut
scriptum est.

XCI

Sunt quidam qui turbantur heretici de Deuteronomio, in CXIX
quo Moses, cum exiret de corpore huncque librum conscriberet
de quattuor libris repetendo, in quo ueluti prioris legis
firmamenta decernit, Christi qu*ia* carnalem praesentiam plus
contestatur, non paruo ducuntur errore aliter sentientes.
Namque in lege, id est in Exodo quae ante scripta sunt, in
eadem et in ipso libro continentur: solum autem hoc uidetur 2
plus ab eo dictum, quia addidit: Prophetam uobis
suscitabit dominus deus uester de fratribus no-
stris: sicut me audietis eum. Erit autem, si quis
eum non audierit, radicitus eradicabitur. Quidam 3
enim putant Deuteronomium dictum || ab eo quod et in ipso
acceperit in monte iterum tabulas conscriptas lapideas, cum
in Exodo bis cognoscitur accepisse atque in montem ascen-
disse. Rationis est itaque ut, quod legis et gratiae erat, 4
manifestaretur de Christo domino, ut, quod in lege per um-
bram celebrabatur, in Christi carnali praesentia diffusa caele-

7 Ios. V 6 *seqq.* **12** Deut. XVIII 15. 18. 19 **16** Deut. XVIII 18. 19 **21** Deut. V 5 Exod. XXIV 12 XXXIV 28

3 moyses *B* **4** quod *B* quid *A* **5** sup *A*[1] patriarche *A* iubebatur] *praeter* iube *in ras A* **11** de *B* et de *A* repetendū *A* **12** qu*ia*] quae plus *om A* **13** errorem *A* **14** in eadem *A* eadem *B* **17** suscitauit *A* **20** deuteronomium *A* de deuteronomio *B* quid *A* **21** acciperit *A* montem *A* **22** uis *A*[1] **23** legis *B* diligis *A* **24** manifestatur *A* umbra *A*[1] **25** xpo *B*

stis gratia ex credentibus nuntiaretur, ipsoque in libro conscriptum omnibus uelut testimonio traderetur.

XCII

CXX Sunt quidam heretici qui cum audiunt beatum Dauid
dixisse in quinquagesimo psalmo quod In iniquitate con-
ceptus sum, et in peccato peperit me mater mea,
aestimant ita dixisse prophetam quod ius nuptiarum legitimum
iniquitatem esse dixerit atque peccatum: cum ante ⟨*deus*⟩
dicat in Geneseos libro: Nascimini et multiplicamini,
et implete terram; et: Honorandae nuptiae et cetera.
2 Nam si ita quis senserit, ergo et iusti tot tantique in iniqui-
tate concepti sunt, cum et in uentre sanctificati sint, ut
patriarchae, prophetae, iudices, Hieremias beatus et Iohannes
3 baptista beatissimus, ut scriptum est. Sed ignorant quod alio
modo dixerit beatus propheta Dauid, non de naturali gene-
ratione, sed de transgressione Adae patris nostri et Euae,
qui post transgressionem mandati pulsi de paradiso genuerant
filios, atque inde, quasi matrem omnium, post iniquitatem
transgressionis mandati E*u*am sic concepisse atque eam ita
4 peperisse docuerit. Quomodo enim de se dicebat Dauid in
iniquitate conceptum et in peccato genitum, cum legitimo
iure natus sit, electusque a deo ad tantam regni gloriam
5 peteretur, ut de eo scriptum est? Non ergo hic in iniquitate
se conceptum aut in peccato genitum edocebat, sed parentes
nostros Adam Euam uoluit ostendere, quod ante admisso

4 Psalm. L 7 9 Gen. I 28 10 Hebr. XIII 4 13 Gen. XXV 23 Ierem. I 5 Iudic. XIII 5. 7 XVI 17 Luc. I 15 23 I Reg. XVI 12 I Paralip. XI 2

2 uelud *A* testimonium *A* 4 beatum *om B* 5 iniquitatem A^1 8 ⟨*deus*⟩ *addidi* 9 dicatur *Sichardus* 11 ego A^1 iniquitatē A^1 12 et in *B* in *A* 13 iohannis *A* 15 beatus *om A* non de *B* non unde *A*, *in quo uerba inde ab* unde *usque ad* transgressionem *in ras* 17 transgressione A^1 19 eam 23 iniquitatē A^1B 25 et euam *B* ammisso *B*

peccato, id est transgressione mandati, postea sic genuerit
filios atque de eis nos omnes itidem parturierit. Ideoque post 6
praeuaricationem, In dolore parturies filios, inquit,
quia ergo de parentibus habemus illis | prioribus praeuaricati-
onis iniquitatem communem carnis atque generalem ex here-
ditate prima descendentem in omnes, ut dixit apostolus:
Sicuti per unum hominem mors introiuit in omnes
homines. Hoc enim ius coniugii a deo promulgatum lauda- 7
tur cottidie ac benedicitur consuete. Nam et quod erat pri-
mum ostendit tristitia, et quod Christi gratia caelestis creden-
tibus erat adlatura magnum gaudium, nuntiauit dicens: Si
quis non regeneratus || fuerit ex aqua et spiritu,
non intrabit in regnum caelorum. Ideoque in psalmo 8
eo praescius futuri gaudii testatus est dicens: Asparges me
hysopo, et mundabor, lauabis me, et super niuem
dealbabor, ut per eum nos etiam credentes in salutari
baptismo cum eo pariter gratulemur.

XCIII

Sunt quidam heretici qui de diuisione orbis terrae et par- CXXI
titione habitationis recte non sentiunt, disputantes quod
Greci coeperint aut Aegyptii aut Persae describere orbem
terrae uniuersum, non beatus Noë suis filiis tribus post dilu-
uium diuiserit, dederit ac definierit et partierit ordine. | Unde 2
postea historiografi accipientes uelut quasdam semitas diuer-
sis sunt falsitatibus ementiti. Tribus itaque suis filiis beatus
Noë, Sem, Cham et Iapheth omnem diuisit orbem terrarum,
et tradidit Sem quidem orientalia Indiae, Persarum, usque in
partem aliquam meridiani, occidentis, septentrionis, usque
ad montem Libani, finesque ibi su*um* primogenit*um* habiturum

3 Gen. III 16 **7** Rom. V 12 **11** Ioh. III 5 **14** Psalm. L 9

1 genuerint A^2 **4** qui *B* **10** caeleste *B* **11** allatura *B* **14** priscius *A* asperges A^2 **16** saluatori *A* **21** *scribendum erat* discribere **24** uelud *A* diuersi *B* **26** iafeth *B* **27** orientaliam *A* in *A* ad *B* **28** meridianū *A* septemtrionis *B* **29** suum primogenitum *Sichardus*] suo primogenito

3 fixa sententia confirmauit. Cham etiam secundo filio omnes
Syrias et diocesin Aegypti, Africae, Aethiopiae ingentem
latitudinem prope fines tendentem | oceani atque Hispaniarum
censendo distribuit, possidendamque eam atque habitandam
spiritu diuino praeuntiauit, in medio autem usque ad Cappa-
4 dociam, id est Tauri montem, fines habere concessit. Tertio
autem, Iapheth nomine, Cappadociam ingredientibus atque a
Cilicia exeuntibus loca frigida, quae sunt Armeniae Bosfori
Ponti Thraciae Pannoniarum Illyrici Italiae, et occidentis
uniuersas partes iussu diuino ei statuendo adtribuit. Et de
primo quidem uiginti quinque generationes numerat descen-
5 disse, de secundo triginta quinque | id est de Cham. De Iapheth
autem, cui minor generatio numerabatur tunc temporis, id
est quintadecima tantummodo, ei amplior optanda a beato
Noë promittebatur in posterum adfutura, dicente scriptura:
6 Dilatet dominus Iafeth et habitet in tabernaculis Sem.
Cui cum minori filio minor numerus generationum repperiebatur
concessus tunc temporis, maior crescendo eidem numerus
postea amplificabatur aduenturus quam duobus eius fratribus,
ut et media et extrema loca, id est Cananeorum, Aegyptiorum,
7 Afrorum Persarumque teneret imperia. De quo postea Romani
sunt || editi, uictores orbis terrarum atque rectores uniuersarum
gentium. Unde cognoscimus Romanos, Latinos, Italos de
Iafeth genus deducere, atque hos orbem terrarum sui sub
8 dicione tenere cot*t*idie atque ante saepius tenuisse. Si quid

11 Gen. X 22 *seqq.* **12** Gen. X 6 *seqq.* **13** Gen. X 2 *seqq.* **16** Gen. IX 27

1 confirmasset *A* **2** africa *A* ethiopia *A* et hyopum *B* **3** pro *A* ociani *A* **4** habitanda *A* **5** pronuntiauit *B* ad *om B* capadociam *B* **7** iafeth *B* ad ciliciā *A* **8** armenia ebosfori *A* armenie bosphori *B* **9** trachiae *B* illirici *B* **10** ei *B* & *A* atribuit *B* Et *om A* **11** quinque *om A* **12** iafeth *B* **14** ei *B* et *A* octanda *A* **15** promitebatur *B* affutura *B* **16** iafeth et *A* iafeth *B* tabernacula *B* **17** Cui *om Sichardus* cum *om B* **20** mediā *A* cananaeorum *B* **21** persarumque *A* quae *s. s.* persarū *B* tenere *A* **24** hus *A*[1] **25** ditione cotidie quis *A*

autem falsitate Grecorum putatur esse antiquum, temporale modis omnibus ipsorum auctoribus testantibus conprobatur, Solone testante Atheniensibus quod | ab Aegyptio audierit sacerdote dicente ei: Solon Solon, Greci uos semper 9
estis nouelli atque pueri. Grecus autem numquam erit senex aut antiquus, neque doctrinam aliquam aut scientiam habetis antiquam, sed ab aliis raptam atque inuasam habetis, eamque diuersis mendaciis inmutatam exponitis, atque ita homines edocetis. Plato enim in Timaeo ita dictitat. Nam post con- 10
fusionem linguarum tunc nomina diuersa coeperunt emanare, atque inde sumentes Greci historiografi duo aut tres, diuersa ueluti monumenta conscribentes, temporalitatem cum suam uolunt obumbrare atque abscondere, a suis testibus mendacissimi iudicati sunt atque conprobati. Cum enim quinqua- 11
ginta de ipsis consentiunt de antiquitate nostra, id est Greci, || Aegyptii, Chaldei, Syri, duo autem aut tres dissentiunt, iustum est multis consonantibus in unum quam duobus aut tribus dissonantibus historiografis adquiescere, quia multi illi uere quam duo edixerunt. |

XCIV

Alia est heresis quae dicit sub Deucalione Pyrra diluuium CXXII
fuisse antiquissimum quam quod sub Noë beato factum est. Quod pagani transferentes mutatis nominibus ipso modo et arcam uelut in Grecia fuisse post diluuium adserunt, et quod est temporalitatis in paganitate uanissima, ab eis uelut

4 Plato Tim. p. 22 B

1 falsitate *om A* antequā *A* 2 comprobatur *B* 3 aegypto *A* 5 aesti *A* 7 ab aliis *B* a uobis *A* 8 habetis *B* beatis *A* 9 immutatam *B* 10 tima eo *A* timeo *B* 11 emanere *B* 13 uelut monimenta *Sichardus*] uelut (uelud *A*) emolumenta temporalitatem cum *B* tenoralitatē *A* 15 comprobati *B* 19 adquiescere *B* aut quiescere *A* 22 *uerba inde ab* Alia *usque ad* nominibus *in A in ras* et pyrra *B* 23 beatū *A*[1] 24 mutati *A* impio modo *Sichardus* 25 archam *B* uelud *A* graecia *A* 26 uanissimā *A*

2 antiquum cum multo mendacio praedicatur et quod factum
in Thessalia, in loco breui, uelut factum ubique, id est in
omni mundo, a paganis furacibus edocetur. Quod fit quidem
post annos in Thessalia in loco interdum modico, illud autem
diluuium in omni saeculo factum est, sicut et eorum scriptura
testatur gentilium.

XCV

CXXIII Alia est heresis quae dicit secundum duodecim zodia nasci
homines, sicuti mathematici illi uanissimi totiusque erroris
et sceleris adsertores, haecque audientes interdum indocti
quam plurimi lege dei dimissa mathematicorum inseruire non
dubitant uanitatibus, unde conpletur apostolica sententia:
2 Coluerunt et seruierunt creaturae potius quam
creatori. Et iterum: Videte ne quis uos decipiat
per filosofiam et inanem fallaciam, secundum
elementa mundi, et non secundum Christum; quoniam
in ipso habitat omnis plenitudo diuinitatis
3 corporaliter. Ergo ignorant quod zodia ista duodecim,
quae ab illis dicuntur, diuersa sunt climata, diuersaeque
regiones in orbe terrarum a deo dispositae, ut inhabitentur
locorumque ac temporum diuersa temperamenta statuta sint,
ut calidum, frigidum, siccum et humidum e quattuor angulis
4 saeculi: e quibus cum, ueluti pleni qualitate fontes, exuberant
flatus spirantes ininuicem uirtute nimia insita proprie mixtioneque
existente salubri, rursum, cum diffunditur eorum
ubique mixtio, amoena temperies salutis inde cunctis habitantibus
subministretur: atque ita diuina potentia mortalibus

13 Rom. I 25 14 Coloss. II 8. 9

2 uelud *A* 3 fuit *Fabricius* 5 scripturae *B* 11 legi *A* 12 cōptetur *A* 15 filosophiam *B* 18 godia *A'* 20 orbis *A* 21 tempo-ramenta *A* 22 et humidum *B* humidum *A* angulos *A*[1] 23 fontis *A* 24 flatus espirantes *A* flatu respirantes *B* uertute *A* nimia *B* mia *A* mixtionemque existenti *A* 27 subministratur *B*[1] *m2* b *erasa et* ū *facta*

uita dulcis et prospera concessa a domino inpertita non ignoratur.

XCVI

Alia est heresis quae dicit animas uenenariorum, scelera- CXXIV
torum et homicidarum et aliorum talium transire in daemonas
ac pecudes et bestias et serpentes, ignorantes | quod anima
hominis cum exierit de saeculo, siue bona siue mala, id est
pia || atque impia, ab angelo ducitur in locum statutum, ut in
futurum percipiat iuxta quod gessit in hoc saeculo constituta.
Si quis autem hoc ita putauerit fieri, paganitatis et uanitatis 2
filosoforum quam Christianitatis uidetur habere consortium,
cum dicat apostolus: Omnes nos manifestari oportet
ante tribunal Christi, ut recipiat unusquisque ea
quae gessit in hoc corpore. Et iterum: Quod non
derelinques animam meam in infernum. ⟨*Et iterum:*⟩
In infern*um* autem quis confitebitur tibi? Animae 3
itaque natura non uertitur in naturam alteram, sed, cum
uoluntate contemnit ac neglegit dei praeceptum studiisque
legitimis et salutaribus inherere dissimulat futuro iudicio
poenarum se dedicans, non aliis morum causa nisi pecudibus
cognoscitur comparanda, non natura, sed moribus, ut scriptum
est. Non ergo naturae pecudum, sed moribus in hoc saeculo 4
similes efficiuntur huiusmodi homines, pagani, Iudaei, et alii
plurimi. Nam et saluator Iudaeis cum diceret: Vos de diabolo estis patre uestro, non natura, sed sceleratis mori-

4 *exscripsit* Augustin. de haeres. 78 8 Luc. XVI 22 12 II Cor. V 10 14 Psalm. XV 10 15 Psalm. VI 6 21 Psalm. XXXI 9 XLVIII 21 II Petr. II 22 24 Ioh. VIII 44

1 uitae *A* impertita *B* **4** uenerariorū *A* **5** hemicidarum *A* demonas *A* daemones *B* **9** quod *om A* **11** filosophorum *B* xp̄ianitates *A* habere *B* ambire *A* **14** quod non derelinques animam meam in infernum *A om B* **15** ⟨Et iterum⟩ *addidi* **16** In inferno autem quis *B om A* animae *B* anima ei *A* **18** uolumptate *A*[1] hac *A* **20** ponarum *B*[1] Si dedicant *A* **21** cōparandus *A* **23** similis *A* **24** quam plurimi *Sichardus*

bus et beluinis sensibus eos similes arguendo et | iudicando manifestabat. Et Iohannes Iudaeis dixit: Progenies uiperarum. ||

XCVII

CXXV Alii sunt heretici qui dicunt dominum in infernum descen-
disse, et omnibus post mortem etiam ibidem renuntiasse, ut
confitentes ibidem saluarentur, cum hoc sit contrarium dicente
propheta Dauid: In infernum autem quis confitebitur
tibi? Et apostolus: Quotquo*t* sine lege peccauerunt,
2 sine lege peribunt. Sed cum dicit <*dominus*>: Remis-
sius erit quibusdam quam ciuitati illi quae non
crediderit, apostolorum quippe doctrinae et euangelii, in
comparatione multarum poenarum dicit sustinere eos minora
tormenta quam illos, non tamen saluari eos hac ratione adfir-
3 mat. Nam poëtas falsos et uanos filosofos qui aestimat posse
saluari rebelles dei, errat illis peius et a ueritate dissentit,
cum semina impietatis paganae non alii nisi illi poëtae uani
et filosofi deorum dearumque appellationes hominum sensibus
seminauerint, cum propheta clamet de futuro iudicio ut hic
4 ei dimitteretur in paenitudine dicens: Remitte mihi ut
refrigerem, priusquam uadam et iam non ero amplius. | Si ergo iusti peccantes et in hac adhuc uita uix

2 Matth. III 7 5 Gregorii I registr. epist. VII 15 (MGH epist. tom. I Berol. 1891 p. 458, 29): ... Philaster in libro quem de heresibus scripsit ... cuius haec uerba sunt: Sunt heretici qui dicunt — dicente propheta Dauid: In inferno — sine lege peribunt. — *exscripsit* Augustin. de haeres. 79 8 Psalm. VI 6 9 Rom. II 12 10 Matth. XI 22. 24 20 Psalm. XXXVIII 14

1 eos *om B* 2 Et *om A* 5 dominum] m *extremum in ras A* 6 mortē] ē *in ras A* renuntiasse—ibidem *om A* 7 sint A^1 8 inferno *B* 9 quotquod *B* Quodquod *A* 10 <*dominus*> *addidi* 12 et *om A* 14 tormenta] a *in ras A* ac *B* affirmat *B* 15 aestimat//// (t *in ras*) *B* estimant *A* 16 rebellis *A* errant *A* 18 appellationis *A* 19 clamet B^2 *om* B^1 clam& & *A*

acceperunt indulgentiam paenitentes *** ut ait Salomon: Et
si iustus uix saluabitur, impius et peccator ubi
parebit? Nam si deum esse credidissent, ‖ deorum dearum
nomina turpia non seminassent et in descensione Christi in
infernum ueniam impetrassent. Cum ergo impii et hostes dei 5
sint ubique, quomodo post mortem ibi confitentes saluabuntur?
cum apostolus doceat quod omnem hominem mori oportet
postque hoc iam iudicari, ut scriptum est, ante tribunal
Christi, et recipere secundum quae gessit in hoc saeculo.
Saluator autem confirmat dicens de illis quod nec patri 6
crediderint; unde etiam eos iudicandos declarauit: qui autem
credidit in patrem antequam Christus ueniret in carnem,
transiit de iudicio impiorum. In conparatione autem pecca- 7
torum atque impiorum diuersitas est poenarum atque plaga-
rum; non plena amborum est absolutio, sed diiudicationis
iustitia, et secundum peccatum condigna repensio, illis etiam
qui sub Noë ab aqua absorti fuerant, ut scriptura edocuit.

XCVIII

Alia est heresis quae de censu animae ambigit | <*et*> ex CXXVI
elementis eam consistere opinatur, ut multi filosofi uanissimi,
nunc de igni, nunc de aqua, nunc de spiritu, nunc de mate-
ria, nunc de fonte, nunc de atomis, nunc quasi aëra esse
animam hominis suspicantur, cum anima facta sit a domino
ex nihilo scilicet, ut scriptum est: Qui fecit ex nihilo
omnia, ut essent quae non erant. Anima itaque a deo 2
facta imago dei appellata est, post angelorum creationem

1 Prouerb. XI 31   7 Hebr. IX 27   8 Rom. XIV 10 II Cor. V 10   10 Ioh. VIII 19. 55 XII 48 III 18   17 I Petr. III 20   24 Sap. I 14

1 acciperunt A^1 indulgentiam *A* penitentiam *B*   *deesse apparet fere haec:* quomodo impios et post mortem saluari credemus confitentes   3 et dearum torpia nomina *B*   4 discensione *B* discensio *A*   8 *inde a uerbis* <ut scriptum est *usque ad cap* 127, 1 *uerba* et sic natus est et> *omnia desunt in A*   19 <*et*> *addidi*

scilicet; minor enim est homo quam natura angelorum, ut
scriptum est: Minuisti eum paulo minus ab angelis.
3 Si autem legis mandata seruauerit, tunc erit sicut angeli. Si
ergo angeli serui dei sunt sub lege positi, quanto magis et
hominis anima sub lege, quae est praedicata *** si seruarit
quod ei praeceptum est, tunc debet dicere quod ait dominus
apostolis quod: Et si feceritis omnia, dicite quod
serui sumus inutiles: quae praecepta sunt nobis,
perfecimus.

XCIX

CXXVII Alia est heresis quae dicit de saluatore quod primum erat
apud patrem et sic natus est, et cum simpliciter ita confi-
tentur, diuersa hominibus scandala subministrant: esse enim
2 ante, et postea nasci, contrarium est modis omnibus. Et
quamuis generatio ipsius duplex sit, una diuinitatis indefinita
ac sempiterna, altera incorporationis per | uirginem temporalis
et non est dubium, tamen secundum diuinitatem debemus
cognoscere quod neque defuit aliquando esse cum patre,
neque qui erat cum patre semper, ex semetipso erat et non
de patre genitus noscebatur, ut quidam suspicantur aber-
3 rantes. Utrumque ergo si bona interpretatione profertur,
rectae fidei firmamentum ostenditur, ut et genitum eum
cognoscamus de patre proprie hunc unicum filium, non tamen
in tempore, sed ante omnia saecula omnemque creaturam
esse genitum de patre proprie cognoscamus atque credamus,
ut condecet, cumque || patre eum in perpetuum manere atque
4 semper mansisse non ignoremus. Nulla est ergo separatio
aut contrarietas inter esse semper et fuisse et genitum esse.

2 Psalm. VIII 6 **3** Matth. XXII 30 **4** Hebr. I 14 **6** Luc. XVII 10 **11** *exscripsit* Augustin. de haeres. 80

5 *exciderunt fere haec*: tradita a deo, continetur? Ergo **6** est *om B*[1] **12** cum simpliciter] *his uerbis denuo incipit A* **13** subministrant. subministrant *A* **14** modis *om B*[1] **15** indifinita *A* **16** sempiternā *A* **22** ut et *B* ut *A* **27** semper mansisse *B* permansissent *A*

Nam semper esse propter sempiternitatem dicitur, ne tempo-
ralis filius aestimetur: genitum autem dicit quia non a semet-
ipso, sed de patre natum cognoscit ecclesia praedicans. Non 5
ergo diiungendum est unum ab altero, sed coniungenda est
sempiternitas filii et generatio cum sempiternitate copulanda,
deque patre ita est credenda ac detinenda confessio, ut unus
nobis pater genitor et unus nobis filius unicus patris, | proprie
quippe genitus de patre, cognoscatur. Ergo semper esse et 6
genitum esse pia fide est aequum ut et sempiterna eius
generatio non temporalis sit et filii unigeniti de patre et cum
patre uera proprietas ac sempiternitas non ignoretur. Si quis
autem primum confitetur esse eum ingenitum, et sic postea
fuisse genitum de patre, ignorat quid confitetur. Cum enim 7
unam putat euadere heresim, incurrit alteram peiorem, inge-
nitum filium confitendo, immo potius et patrem et filium
denegando duoque ingenita praedicando et unius patris inge-
niti et unius filii || unigeniti de patre proprie denegando uarie-
tatem.

C

Sunt quidam heretici qui de Faraone ita arbitrantur dixisse CXXVIII
dominum per Mosen quod: *Ad hoc excitaui te, ut osten-
dam in te uirtutem meam*; et: *Indurans indurabo
cor Faraonis, ne dimittat uos*. Et ait apostolus: *Ergo
neque uolentis neque currentis, sed miserentis
dei est*. Sed haec non definiens dicit apostolus, sed dispu- 2
tans atque edocens quod uerum est, ne ita deum dixisse qui
aestimet; debet enim adtendere quod ait dominus: *Ut osten-*

21 Rom. IX 17 Exod. IX 16 **22** Rom. IX 18 Exod. IV 21 VII 3 **23** Rom. IX 16 **27** Rom. IX 17 Exod. IX 16

1 propter *om A* **2** a *A* ex *B* **4** deiungendum *A* **5** sempiternitatem *A* **6** dequo B^1 **7** nobis filius *B* filius *A* **9** fides *A* ut et B^2 ut AB^1 **11** uera *A Sichardus om B* **13** genitum *B* ingenitum *A* **14** peiore *A* **17** ueritatem *B* **20** pharaone *B* **21** moysen *B* **23** pharaonis *B* **24** uolentes neq. currentes *A* **26** quia estimet *A* quis aestimet *B* **27** attendere *B*

dam in te quippe omnem uirtutem meam, id est
magnanimitatem, bonitatem, sustinentiam, quae est utique
3 omnibus hoc effusa in saeculo. Cum enim ei dicit, | omni
homini dicit in corpore constituto, in prosperitate quippe,
facultate ac potentia temporali adnuntiat: qui cum ad diui-
tias adtendunt, segniores ac neglegentiores efficiuntur circa
dei Christi timorem et gratiam, suaeque itaque ad finem
salutis obliuiscuntur ac timoris dei efficiuntur inmemores.
4 Cum enim tribularetur ipse Farao, inuitus deum cognoscebat,
ut scriptum est, cumque iterum dimittebatur a deo, reuerte-
5 batur ut canis ad suum uomitum. Ideoque omnium || pagano-
rum, Iudaeorum, hereticorum diuitumque animae ac peccantium
pariter, in prosperitate contemtrices dei repperiuntur interdum;
ideo eruditio utilis est humano generi in omnibus atque
salutaris, dicente propheta: Bonum mihi est, domine,
quod humiliasti me, ut discam iustificationes
6 tuas; et iterum de obiurgatione: Cum occidebat, inquit,
dominus Iudaeos, tunc inquirebant eum, et uigila-
bant ad eum. Non itaque dicit beatus apostolus aut 'non
curramus' aut 'non uelimus seruire deo', sed primum debemus
nostra currere uoluntate, deinde non cum praesumptione et
iactantia quasi nostra uirtute et iustitia condigne et non
7 Christi mereamur saluari clementia. Qui enim currit cum
superbia ac praesumptione, non a deo sperat praesidium, |
quantum ex sua conuersatione sibi praesumit iustitiam. Et
currere itaque et uelle nos docet beatus apostolus, inque

10 Exod. VIII 8. 25 IX 27 X 24 **11** Prouerb. XXVI 11 II Petr. II 22 **15** Psalm. CXVIII 71 **17** Psalm. LXXVII 34

2 magnimitatē *s. s.* na *B* magna animitatem *A* **3** hoc *om A* omnia *B* **5** annuntiat *B*: *ante* adnuntiat *uidentur excidisse ueluti* facto carnali **6** attendunt *B* **7** itaque *A* ita usque *B* **8** efficiunt *A* **14** erudicio ut illis & humano generi (generis *A*[1]) *A* in omnibus] *litteras* in omn *in ras A* **17** inquid *B* **18** inquirebat *B*[1] *post* uigilabant *IX litterae erasae in B* **19** ad deum *Fabricius* ut non curṛamus *Sichardus* **21** curre *A*[1] cum *AB*[2] co *B*[1] **22** iustcia *B*[1] condigna *B* **26** doceret *A* inquạnrạ̄ (e *supra* ạ) *A*

nostra uoluntate esse, ut in ipso cursu bonorum operum in
humilitate perseueremus, ac tunc demum speremus salutem
posse ab ipso domino adipisci, ut ait dominus: Et cum 8
feceritis omnia, dicite quod serui sumus nequissimi; ** Et si iustus uix saluatur, peccator et impius quo apparebit? Ergo sunt in nobis || quaedam in
quibus currendum est. Sunt autem maiora quae a deo speranda et impetranda sunt, ut ait apostolus: Nescitis quid 9
petatis, ut puta si quis dixerit: 'Possum esse martyr', 'Possum esse apostolus', et non dicit: 'Si deus Christus uoluerit', quod ab eo incrementum id muneris et gratiae quippe confertur, non uana hominum praesumptione atque iactantia comparatur. Temptantis est enim hominis uoluntas huiusmodi ac praesumentis, non quaerentis ac supplicantis ut tantam consequi mereatur dignitatem.

CI

Sunt quidam heretici, ut Manichei et Gnostici et Nicolaitae CXXIX
et alii, qui de beato Dauid audent dicere quod Christi propheta domini non fuerit neque doctor et commentator diuinarum omnium scripturarum, sed humanae cantationis ac saecularis rei conscriptor extiterit, cum caelestis gratiae atque arcani salutaris Christi domini ipse meruerit prae multis |
humano generi mysteria praedicare. Sicut enim sanctis aliis 2
diuersam tribuit Christus dominus gratiam, ita huic maiorem concessit scientiam, dicente domino: Dabo uobis, inquit,

3 Luc. XVII 10 **5** Prouerb. XI 31 **8** Matth. XX 22 **19** II Tim. III 16 **25** Act. XIII 34 Es. LV 3

5 *exciderunt:* Et Salomon: **6** appellauit *A* **8** imperanda *A*[1] apostolis *Fabricius in adnotatione*] apostolus *AB per compendium* **13** tēptatis *A* temtantis *B* **14** ac supplicantis *A* subplicantis *B* **18** et alii *B* alii *A* xp̄i *A* non xp̄i *B* **19** non *om B* **20** contationis *A*[2] contationes *A*[1] **21** conscripto *A* cum *om A* **22** archani *B* carni *A* **23** humanu *A* predicate *A*[1]

sancta Dauid fidelia; et: Inueni Dauid filium
Iesse, hominem qui faciat omnia quae sunt in
3 corde meo, dicit dominus. Ignorant ergo || quod uelox
ac praepotens commentator hic diuinarum extitit scripturarum
rex atque propheta Dauid, dimissus a domino, ut quod ante
dicebatur praesensque uidebatur futurumque nuntiabatur, haec
cuncta breui collecta humano generi praedicarentur ab eodem,
tribusque in uersibus psalmi primi omnem rerum uirtutem
exponeret ueritat*em* praeteritorum, instantium atque futurorum omnesque errores cuiusque populi diuersaque facinora
4 nuntiando, cum dicit: Beatus uir qui non abiit in consilio impiorum, id est paganorum, et in uia peccatorum non stetit, quippe Iudaeorum, et in cathedra
pestilentiae non sedit, utique hereticorum, atque hinc
iam quasi ex fontibus atque materiis copiosis diuersa semina
iniquitatis humano generi adfutura doceret, ut his quippe
tribus malis, paganitate, Iudaismo et omni heresi, contemptis
atque damnatis sola fides uera, id est patris et filii et sancti
5 spiritus ab omnibus credita coleretur. Zelo enim diuino
ductus | beatus Dauid tunc temporis, cum uideret homines
daemoniis immolare, non deo, in Hierusalem ciuitate quattuor
choros posuit secundum mundi aditus ana septuaginta duo,
quat||tuor etiam hominibus positis *e* psallentibus, atque arcam
6 dei custodientibus undique infinitis etiam aliis extrinsecus. In
medio autem ea posita psallebat cum populo beatissimus
ipse Dauid patriarcha, et incorporationis Christi domini quippe

1 Act. XIII 22 Psalm. LXXXVIII 21 **11** Psalm. I 1 **21** I Paralip. XXV 7 *seqq.*

4 hac *A* comentator *A* **5** emissus *B* **6** dicebantur *B*[1] futurumque nuntiabatur *om B* **7** predicaretur *A* **8** rerum *B* rem *A* **9** ueritatis stantiū *A* **10** diuer///saq: *B* **11** uir *A Sichardus om B* **13** cathedrā *A* **16** affuture *B* deięceret *A* quippe tribus malis paganitate iudaismo *B* qui spem *A* **17** heresim *A* **18** fide *A* **19** colitur *A* **20** tunc *B* uno *A* **22** aditus *B* actu.s *A* **23** e] ex *editt* et *AB* archam *B* **25** psallebant *A*

ut testis tantus ac praedestinatus a domino, psalmorum
diuersa gaudia et laudes pariter non alii nisi ipso Christo
domino canendo referebat, trinaque uice cottidie cum oratio-
nibus psalmorum etiam cantu resonante omni delectabatur
cum populo, diuinam Christi praesentiam nuntiando, deque
ea re futura gaudia saeculo promittendo; de quo et dominus 7
dignatus est dicere, multos fuisse prophetas et sapientes et
desiderasse uidere et audire quae apostoli audire meruerunt
et uidere. Nam quod et Grecorum ipsa quae uidetur esse
sapientia et ex lege atque ex prophetis et specialiter de
Dauid beato sit, secundum tempus omnibus est manifestum.
Ideoque et poëtae aliique sapientes uersibus, quod uoluere 8
dicere, imitando eundem conati sunt fingere; quae argumenta
cum de lege atque prophetis sumerent, inmutatis nominibus
cum iura ueritatis uiolare properant, suae perfidiae || diuersa
mendacia saeculo seminauerunt. Inde haec ignorantes quam 9
plurimi saeculares homines atque imperiti temporalitatis pagana
mendacia potius quam salutaris Christianae legis antiqua et
uera arcana desiderant colere ac sequi firmamenta. Ex suis 10
itaque uanitatibus, id est ex Grecorum historiografis potest
quis cognoscere quam sit temporalis uana sapientia Greco-
rum; quae cum paulatim cognoscitur a suis, sine dubio sper-
nitur, calcatur atque cottidie condemnatur.

CII

Sunt alii heretici qui de inaequalitate psalterii errorem CXXX
patiuntur non modicum, aestimantes omnem librum psalterii

7 Luc. X 24

1 praedistinatus *B* predistinatus *A* **2** laudis *A* alio *B* ipsi *B* **3** cotidie *B* **4** cantore sonante *B* omnia *A* **6** ré *A* saecula *B*[1] promittendo *Sichardus*] praemittendo **8** de///si (si *in ras in uersus fine*) rasse *A* meruer̄ *B* meruerant *A* **10** et *om B* ex *om B* **12** sapentes *B*[1] **14** de *om A* immutatis *B* **16** seminarunt *B*[2] **19** uera *B* uiri *A* archana *B* **21** si *A* **22** a—spernitur *om A* **23** cotidie *B*

non esse Dauid beatissimi: et cum historiam quaerunt per
ordinem, inueniunt inaequalitatem, id est ut quae nouissima,
prima, et quae prima, nouissima esse posita peruident, non
2 modicum scandali patiuntur. Nam in tertio psalmo persecuti-
onem patitur a filio, et in centesimo et plus contra allofylum
pugnando disseritur, cum inuenimus primum pugnasse eum
cum Goliath in sua iuuentute, a filio autem suo | in senectute
3 postea bellum sustinuisse. Et quamuis haec spiritaliter de
Christo intellegenda sunt, tamen et historiam inquirentes
studiose || de eodem beato propheta non paruo offendiculo
4 perturbantur. Quia ergo et post septuaginta duos psalmos
defecisse dicit hymnos Dauid scriptura psalmorum, et postea
iterum eiusdem titulatio in multis psalmis nuntiatur, et de
hoc queruntur, cur ita sit positum, nescientes quod beato
regi atque prophetae diuersa gaudia psalmorum recte a domino
inpertita sunt. Si ergo et aliorum inueniuntur titulationes in
psalmis, postea tamen summa rerum laudis huic auctori
institutori a Christo concessa est et ut prophetae, regi atque
5 patriarchae. De inaequalitate autem psalmorum secundum
historiam, qui interpretati sunt auctores studiosissimi, hoc
dixerunt, quod saepe existente captiuitate in Iudaeorum populo
a gentilibus propter idolatriam, quia cum illis colebant
Iudaei et idola *** inque his etiam scripturae diuinae inquire-
6 bantur et conburebantur a gentilibus: si quis autem abscon-
disset de psalmis aliquid, existente pace | postmodum require-

4 Psalm. III *inscriptio* 6 Psalm. CXLIII *inscriptio* 12 Psalm. LXXI *subscriptio*

4 patiantur *A* 5 a *B* et *A* et plus *A* plus *B* allofilum *B* 6 differ///tur (i *erasa*) *A* inuenisse *A* eum *om A* 7 goliat *B* 11 duo B^2 doo B^1 13 iterum *om A* 14 quaerunt *editt* quur *A* cuir *B* 15 rege *A* propheta *A* 16 inuenitur (*in uersus fine*) titulationis *A* 17 auctori *A* auctori et *B* 20 studiosissime *Sichardus* 22 idolatrium *A* 23 *exciderunt fere haec:* multa tunc temporis subtrahebantur populo 24 comburebantur agentibus *A Sichardus* abscondisse *A* 25 *post* psalmis *erasum est in fine uersus* ali

bantur a paucis sanctis eaedem diuinae scripturae, cumque
inuenirentur, accipientes postea qui erant illo tempore sapientes
— quia non erant prophetae iam, sed sacerdotes — timore
|| detenti, iuxta quod accipiebant a quibusdam, ita componebant
et textum psalmorum et ita ordine exponi iubebant. Si ergo 7
secundum historiam inaequalitas, ut dixerunt multi, causa
haec esse uidetur. Nam quod spiritalis in ipsa inaequalitate
psalmorum et aequalis sit Christi scientia cognoscenda, manifestum
est studiosis, ut, quod est inprimis, hoc sit et in
medio de Christo itidem, et quod erat postea futurum, de
eodem ante dictum sit ubique. Ideoque apostolus ait: Christus
heri et hodie, ipse et in saecula, inquit, saeculorum.
Nam quod spiritali uirtute dicti sint psalmi non est 8
dubium, ut, quod ante factum est per diabolum de impietate
idolorum, hoc et sub Iudaeis seductione eius commissum
facinus monstraretur; et quod ipsius sit etiam hereticorum
peruersitas in fine pullulantium cottidie, non ignorat ecclesia
quippe catholica praedicans.

CIII

Sunt heretici contraria sentientes in libro Geneseos quod CXXXI
dominus dixerit ad Cain: Peccasti, quiesce, ad te conuersio
tua, et tu eius dominaberis. Cum enim
dicit: Tu ipsius dominaberis, putant quod dixerit ei: |
Tu eris dominus || fratris tui. Et quamuis, si ita quis senserit, 2
quia maior natu erat Cain quam Abel beatissimus frater
eius, quia et in lege maiores natu maiores erant et honore,
id est primogenitu, non autem hoc dicit: Tu eius dominaberis,

11 Hebr. XIII 8 21 Gen. IV 7 26 Gen. XXV 31 XLIII 33

1 a *om* *A* eaedem *B* de *A* 3 quia *om* *A* 4 detenti *B* dicenti *A* 5 et textum *B* ex textum *A* 7 haec *om* *A*[1] aequalitate *B*[1] 8 cognoscendā *B* 11 ait *om* *B* 13 sunt *A* 14 de *B* per *A* 15 commissam *B* 17 cotidie *B* 21 conuersatio *A* 27 primogeniti *B* hic *B*

quia: Eris dominus eius, quod est in omnibus contrarium.
3 Si enim ita esset, quomodo dabat in eum mortis sententiam
dominus, quia suum occiderat fratrem, sicut scriptum est?
Non ergo hic dicit scriptura, dominari illum fratri suo, ut
eum interficeret, sed: Dominaberis cogitationis tuae malae
utique, quae est in arbitrio tuo et cuiusque hominis atque
uoluntate, ut aut proiciat de corde suo malam cogitationem
inmissam a diabolo, aut non proiciendo crimen incurrat per-
4 petuum. Ut perscrutatus est enim cordis et animi hominis
Christus dominus occulta ipsius, eum peruidens arguebat
quod cogitauerat, et monebat ne faceret illud sceleris inque
5 hoc uiam parricidii saeculo seminaret. Quod et in euangelio
dictum est: Si habes aduersus fratrem tuum iram.
uade, reconciliare, et sic postea offeres munus
tuum. Et Dauid itidem ait: Irascimini et nolite pec-
care. Et qui modus est Irascimini et nolite peccare,
ipse subsequitur disserens : Quae dicitis in cordibus
uestris et in cubilibus uestris, conpungimini.
6 Solomon etiam: Si ascenderit spiritus inimici domi-
nantis in te, ne des ei locum ut in te habitet. Et
dominus ait: Qui irascitur fratri suo sine causa,
reus erit iudicio. Ideoque pellendam cogitationem et
suggestione*m* inimici dominus edocebat ilico, ne cum diu
sit in homine, ad perpetrandum facinus eum prouocet pro-
niorem.

3 Gen. IV 15 **13** Matth. V 23. 24 **15** Psalm. IV 5 **17** l. s. **19** Eccles. X 4 **21** Matth. V 22

1 quia *A* quasi *B* **2** dabat *om A* **4** hic *A* ta *B s. s.* i **5** eum *B* cum *A* cogitationes *A* **6** quae *om A* in *om A* et cuiusque *A* ut cuiusque *Sichardus* ut cuiuscumq: *B* **8** immissam *B* inmissa *A* **9** perscrutator *B* est *om B* **10** ipsi *A* eum *om B* **11** ne *om A* **12** sęcula *A* **14** recociliare *B*[1] **18** et in cubilibus uestris *om B*[1] **19** salamon *B* dominantes *A* **21** ait *om B* **22** et *A* ex *B* **23** suggestione illco *A*[1]

CIV

Est heresis quae non recte intellegit de Cain, quod post CXXXII
fratricidium, quod commiserat, rogat dominum mori potius
quam dimitti, dicens ita: Maior causa est si dimissus
fuero, et: Erit, omnis qui inuenerit me, interficiet
me. Sed dominus, per eum unum omni humano generi uelut 2
generalem docendo modum, per pa*enit*entiam tribuebat boni-
tatis suae indulgentiam copiosam, ut iam desinente scelere
bonorum operum fructuositatem sequerentur certamque ab eo
cuncti cognoscerent amplectendam * dicente domino: Nolo 3
mortem peccatoris, quantum ut reuertatur et ui-
uat, ut tanti sceleris cunctis per eum patesceret paenitentia,
inque ea indulgentia pariter copiosa, ut paenitentium bona
iam fructuositas *h*ortamento || dei monstraretur hominibus, quo
eam peruidentes, salutem potius quam mortem sibi desiderent
adquirendam. Unde ueluti | suus accusator atque iudex cum 4
ex parte gignitur Cain, dicens quod commiserit fratricidium,
audire a domino meruit, ut, si fructus bonorum operum de
cetero eum sequeretur, remissionem tanti sceleris esset sine
dubio accepturus, nullumque metum mortis inferendae iam
suspicaretur sibi ab aliquo adfuturum. Insuper etiam et 5
signum acceperat, ne occideretur ab aliquo, cumque his etiam
septem poenas perpeti, si qui hominum ausus fuisset in eum
manus inicere, caelesti sententia definitum est. In ips*o* enim
ueluti paenitentia ficta, non uera inuenta est, cum audit a
domino: Omnis qui occiderit Cain, septem uindictas
persoluet. Unde et signum accipere meruit propter paeni- 6

4 Gen. IV 13. 14 **10** Ezech. XXXIII 11 XVIII 23 **22** Gen. IV 15 **26** l. s.

2 post *om* *A* **6** uelud *A* **7** paenitentiam] pacientiam *A* patientiam *B* *conf* 82, 2. 6 **8** scelera *A* **9** bonrrum *A*[1] **10** cognosceret *A* *deest* indulgentiam **12** tantis *A*[2] **13** copiosā *B* poenitentium *A* **14** ortamento *A* ortam̄ *s. s.* to *B* **16** *post* suus a *erasa in A* **17** cummiserit *B*[1] cōmmiserit *B*[2] **19** esse *A* **21** ibi *A* affuturum *B* **22** accideretur *A*[1] Cumque *B* cum *A* **24** est. In *om* *B* ipsa

tudinem, si tamen digna bonorum operum iam eum fructuo-
sitas sequeretur. Sed non inuenimus fructum bonum in eo
paenitentiae usquam fuisse, quanto magis de genere illius
7 omnem impietatem potius pullulasse. Qui post eum heredes
impietatis paternae et inmanitatis tanti sceleris exsistentes,
cum non malorum suorum paenitudinem ‖ gerere uoluissent,
adnuntiante eis Noë beato, perseuerantes | in scelere, diro
mortis interitu per diluuium perierunt, exceptis octo animis
tantummodo tunc temporis, quae de genere sanctorum
fuerunt editi, qui meruerunt procellam soli tanti periculi
deuitare.

CV

CXXXIII Est heresis quae stellas infixas putat esse in caelo, non de
thesauris locisque absconditis atque a deo dispositis in ue-
sperum iussu diuino repente procedere, statutisque horis suo
2 lumin*i* cursum ministeriumque indictum agnoscere: quod contra-
rium alienumque fidei catholicae inuenitur, si ita qui senserit,
magisque paganae uanitatis et filosoforum inanis sententiae
quam Christianae scientiae habere consortium demonstrabitur.
3 Scriptura enim omnipotentiam dei ita edocet, ut in breui e
diuersis thesauris concurrere atque discurrere sidera nuntia-
uerit, ornamentoque caeli noctique lucisque causa ex parte
sint a deo praestita atque commodata, diuersisque horarum
4 spatiis uelut ad sua loca rursum redire statuta sint, ut e
quibus locis exire iubentur cottidie, ad ea loca reuerti iterum
praesidente angelo et compellente ‖ ** cursum debitum prae-

8 Gen. VII 13 I Petr. III 20

2 bonorum *B* **3** fuisset *B* di A^1 **4** pullulasse qui *B* polluiasse A^1 pollulasse A^2 heredis *A* **5** immanitatis *B* existentes *B* **7** annuntiante *B* **8** excepto *B* animin B^1 **9** quae *B* quē *A* **10** meruerunt *B* perieȓ *A* solitanto *A* **13** caelum *B* **16** lumini *Usenerus* lumine *B* uolumine *A* agcnoscere *A* **17** quis senserit *B* que seneserit *A* **20** Omnipotentia *A* edocet *A* &docet *B* ut in *om A* **22** lucisquae *A* ut lucis *B* **24** uelud *A* **25** cotidie ad ea *B* cottide a *A* **26** *excidit:* debeant ut

terire nullo modo possint, hincque humano | generi effusa
Christi clementia omni manifestaretur humano generi, quod
iustis et iniustis in hoc mundo parem concesserit gratiam
bonitatis adnuntians: Qui solem suum oriri facit super 5
iustis et iniustis, et pluit super bonos et malos;
et: Nouerunt sidera, inquit, thesauros suos, et cursum dispositum cottidie.

CVI

Sunt quidam heretici qui de ueteri testamento multa repro- CXXXIV
bant, id est Solomonis Ecclesiasten, librum paucis quidem
conscriptum sententiis, omnem autem thesaurum caelestis
scientiae quaerentibus continentem. Nam quod omnibus sapien- 2
tior prioribus sit, ipse saluator testatus est. Cum legunt
ergo: Omnia uanitas uanitatis, quae sub caelo sunt
et: Desideraui, inquit, habere, ut dictum est, diuersa
et: Deus mihi dedit, inquit, et ecce omnia uanitas
uanitatis, solum tamen hoc postea addit esse a deo, ut si
quis manducet et bibat et benefaciat animae suae. Quod si 3
hanc escam solum aut hunc potum dixit esse istius saeculi
utilem quae carnalis est, nihil autem futurae uitae inmortalis
aliud nuntiabat ***, in uanum hominum labor inpenditur. Ergo
quod ait apostolus de quibusdam: Manducemus || et bibamus,
cras enim moriemur *** quod | profecto paganorum et 4
Epicureorum est talis heresis, quae uitae pecudum comparatur. Ideoque Homo cum in honore esset, non intellexit,

4 Matth. V 45 **6** Baruch. III 31. 34. 35 **12** Matth. XII 42 Luc. XI 31 **14** Eccles. I 2. 14 **15** Eccles. II 10—11 **17** Eccles. II 24 **22** I Cor. XV 32 **25** Psalm. XLVIII 13. 21

1 humano—manifestaretur *om A* **4** annuntians *B* **5** iustos et iniustos *B* **7** cotidie *B* **10** salomonis *B* **11** autem *om B* **14** omnia A^1B omnium A^2 **19** solam *A* **21** *deesse multa apparet* in nū/// B^1 inpeditur *A* **23** *deest ueluti* aperte testatur **25** in honore cum *B* intellexit *om* A^1

conparatus est pecudibus insensatis. Solomon itaque et
carnalem uitam hominum a deo concessam in multis diuitiis
nuntiauit, et futuram angelorum gloriam nihilominus in stu-
diosis inesse paucis desiderantibus et credentibus praedicauit.
5 Si enim et diues in hoc saeculo bene operatus fuerit, necesse
est ut et illic futurae uitae consortium consequatur. Sicut
enim et haec terrestris esca a deo data est, ita et illa caele-
stis esca de lege desideranda est amplius, fides quippe Christi
domini de lege et prophetis adueniens cupientibus gloriosa,
quam magis Maria quam Martha elegerat, dicente domino
maiorem sortem Mariam elegisse, quae non auferetur ab ea.
6 Ergo si dixit: Vanitas uanitatis est, quae in saeculo
sunt, haec utique transeuntia praedicauit, propter futuram
illam gloriam eminentem ac perpetuam, ut ait apostolus:
Transit enim figura huius mundi et gloria. Si
autem figura et uita et honor et dignitas mundi istius cessa-
bunt et destruentur, illa quippe erit desideranda caelestis et
7 angelica dignitas, quae incorporati||one|ac passione et resur-
rectione quippe est Christi credentibus aduentura, quae non
temporalis, carnalis ac caduca erit, ut Iudaeorum secundum
litteram, et aliorum talium pereuntium, in posterum autem
8 nihil expectantium. Propter quod dicit dominus: Operamini
escam, quae non perit, id est ut credatis in me,
quem misit pater meus. Ergo non Solomon de hac esca
solum carnali dicebat, de illa autem praetermittebat, sed
diuersam escam gloriamque sanctorum hominum nuntiabat,
carnalem quippe primam uitae hominum in praesenti saeculo,
postque mortem caelestem illam et angelicam dignitatem
9 iustis et fidelibus aduenturam. Hancque carnalem uelut uanam

10 Luc. X 42 **12** Eccles. I 2 **15** I Cor. VII 31 **22** Ioh. VI 27. 29

1 pecorib; *A* insipientibus *B* salomon *B* **3** in *om A* **4** sinesse *A* **8** quippe *om A* **9** adaudiens *B* **10** marta *A* **11** aufer *in fine uersus A*[1] tur *add A*[2] **13** praedicabit *A* **18** angeli *A* **20** iudea eorū *A* **23** esca *A* **24** Ego *B* salomon *B* haec *A* **27** carnem *A* **28** et euangelicam *A* **29** uelud *A*

et temporalem, Iudaeorum quippe aliorumque talium iustificationem, uitamque pereundam nuntiabat, ut umbram esse cognoscerent, uitamque corporis temporalem non multo post decidentem, in conparationem quippe caelestis illius ac perpetuae dignitatis, non ignorarent. De qua esca ait et propheta: Gustate et uidete, quia suauis est dominus.

CVII

Est heresis quae de Canticis Canticorum ambigit *** ipsius CXXXV
itidem aestimans ¦ non spiritu diuino, | sed humanarum rerum
causa ac uoluptatum hominibus ab eodem praedicata, cum
caelestium rerum uerita*tem* humanae similitudini comparata*m*
genus hominum docuerit, sicut scriptum est in euangeliis et
ubique. Christi itaque diuina*m* in carne praesentia*m* omnes 2
ita docebat, ut amore diuino prouocaret, monitione mulceret,
misericordia commoueret, flecteret bonitate. Nam ut deus 3
ostendebat, ut pater monebat, ut pastor pascuum demonstrabat,
ut rex uincendo inimicum uestigia <*sua*> sequi ostendebat, ut
sequentes suum fratrem, id est dominum Christum in carne
aduenientem, in triumpho inmortalis gloriae et caelestis meriti
cum eo pariter gratulentur. Ideoque et Cantica dicta sunt 4
Canticorum ut quod ante in lege umbraliter dicebatur ex
parte, in l*uce* Christi iam praesentia consummatio*qu*e mysterii
per passionem celebranda in subplementum credentibus pan-

6 Psalm. XXXIII 9 **12** Matth. XXII 2 Ephes. V 29 Ezech. XVI 5 Ioh. I 18

2 per undam *B* umbra *A* **4** dicentem *A* comparationem *A* **8** ambiget *A* *deesse aut colon apparet aut nomen Salomonis (conf 82, 5. 109, 1. 129, 3)* **9** aestimant *A* **10** ac *B* ea *A* **11** ueritas comparata **13** diuina praesentia **14** munitione *A* **15** bonitatem *AB*[1] **16** pascua *B* **17** ut rex *B* uti ex *A* <*sua*> *addidi* **18** suum fraternum *B* sponsum fraternum *Fabricius* **19** in triumfo *B* triumpho *A* **20** gratulemur *Sichardus* **22** luce] loco presentiā *A* consummatione *B* commutatione *A* **23** celebratā in *B* celebrandā *A* supplimentum *B*

deretur, ut cessante umbra caelestis iam lucis ueritas omni
saeculo refulgeret, quae corpus et animum hominis accenderet
5 atque amore caelesti sensum hominis excitaret. Qui ergo uani
homines concupiscentiis car|nis inseruiunt, fingunt‖aut non
posse sentire, aut si eis exponitur, contemnunt discere, legisque nolentes uirtutem agnoscere non minus Iudaei uel pagani iudicandi sunt.

CVIII

CXXXVI Alia est heresis quae dicit mandatum non esse accipiendum quod Adam pater noster acceperat, neque esse illum uirtutis aut utilitatis alicuius opinantur, cum sine mandato illo nec
lex Mosi accipi potest nec Christi agnosci perpetua et effusa
2 gratia atque copiosa. Triplici enim uirtute in corpore constitutus omnis homo de lege diuina docendus ac monendus instruitur, ut in prima aetate sub mandato sit, secunda sub lege, tertia sub gratia saluatoris. Ideoque lex admonitio est potius, propter obliuionem, mandati pristini, quod pater noster Adam inprimis a Christo acceperat in paradiso: ita
3 enim scriptum est. In lege autem postea: Ne oblitus, inquit, mandati domini dei tui recesseris ab eo et pereas. Ideo lex admonitio mandati et confirmatio est primi illius. Iterum mandatum et lex Christi plenam praedicant gratiae bonitatem ac praesentiam salutarem. Ideoque dominus
4 ait: Ecce qui loquebar in prophetis, adsum. Maio¦res
sunt itaque qui sub‖mandato fuerunt antiqui, cuius non obliti *gra*tiam Christi saluatoris suis posteris et eius mysterium nuntiarunt; cuius et obliuione existente in Iudaeis ammonitio

19 Deuteron. VIII 11. 19 24 Es. LII 6

3 amor *A* **4** hominis *A* non *om A* **10** illud *B* **12** mosi accipi potest *A* moysi potest accipi *B* **13** constitutos *A* **14** ac *A* aut *B* **16** ammonitio *B* **17** pristina *A* **18** paradyso *B* **19** ne *A* non *B* **20** mandatum *B* **21** ideo *A Sichardus* ideoque *B* ammonitio *B* **22** et lex *B* et de *A* **23** ideo//que *A* **24** ait *om A* **26** gratiam] etiam sui posterii *A*

rursum litterae subsecuta est, ut in littera etiam Christi
spiritalis scientia et carnalis praesentia inluminans saeculum
speraretur. Ideoque lex Moysi aliud in sono uocis, aliud in 5
abscondito, salutare Christi mysterium continens nuntiabat.
Ergo neque mandatum sine lege, nec lex sine mandato, nec
gratia Christi sine lege et mandato accipi aut credi debet ab
aliquo.

CIX

Sunt quidam heretici, qui, cum legunt scripturam dicente CXXXVII
domino: F a c i a m u s h o m i n e m a d i m a g i n e m e t s i m i l i-
t u d i n e m n o s t r a m, non in paruam descendunt amentiam,
ignorantes primum quid imago, quidue similitudo sit dei,
cumque nesciunt quid sit imago dei natura proprietatis, et
quid positionis sit gratia, non paruam sibi praesumunt super-
biam dignitatis. Imago enim dei id est anima omnis hominis, 2
facta ex nihilo: similitudo autem in fide uita nisi cognita
fuerit a deo, appellari non potest dei imago similis. Cumque
se esse plus aestimat aliquis, praesumptionis crimen || incurrit
potius quam meritum dignitatis sibi adquirit. Nam cum | haec 3
peccans inuenitur anima et iudicio obnoxia detinenda cogno-
scitur, quomodo esse potest haec dei naturalis imago, quae
diuersis peccatis dinoscitur inseruire? cum alia nulla esse 4
potest naturalis imago dei diuina et patris propria, non angeli
aut hominis, nisi Christi dei dei filii, qui natura proprietatis
indiscreta paternae substantiae ac sempiternae imago sit,
genita proprie, non positione seruitutis creata ex nihilo, ut
homo et angelus. Ideoque imaginem *dei* animam *omni*um 5
paganorum, Iudaeorum, hereticorum, et omnium <*hominum*>

10 Gen. I 26 **21** Hebr. I 3

1 littere iam *A* **2** scientiae *A* **4** saluatoris *A* **9** scriptura *B*
14 gratiam *A*[1] **16** autem in fide et uita nisi *B* in fide uitā si *A*
18 plus aestimat *B* puls//// (a *erasa*) estimat *A* **20** inuenitur anima *B*
anime *A* **21** post *A* **23** post *A* **24** dei *om* *A* **25** indiscrete *A*
26 create *A* **27** *dei*] id est anima *A* *omni*um] hominum
28 <*hominum*> *addidi*

dici posse declarauit in communi generatione atque unius
qualitatis naturae scriptura substantiam nuntiauit: similitu-
dinem autem non omnium, sed sanctorum et Christianorum
6 esse tantummodo declarauit. Qui in fide, uita et bono opere
permanentes angelorum caelestia merita in futurum consequi
promittuntur, ut patriarchae, prophetae, sacerdotes, iudices,
apostoli atque euangelistae et martyres, qui trinitati credentes
et in uita praeclara permanentes angelorum gloriae copulari
7 a domino nuntiantur. Similitudo enim ex doctrina legis, fide,
uita, et studio, et opere cognoscitur uera, ut, a quo deo
facta est, legi eius diuinae consentiens, praecepta statuta
complendo, regni caelestis con‖sortium| speret ab eo se posse
8 adipisci, dicente apostolo: Nostra autem conuersatio
in caelis est: et dominus iterum: Gaudete, quia no-
mina uestra in caelo scripta sunt. Et quod in die
iudicii eos sicut angelos demonstrabat futuros, dominus dicit
<*idem iterum*> de regno caelesti: Venite, percipite regnum
9 quod uobis paratum est ab origine mundi. Similitudo
itaque ex fide sanctae trinitatis et uita bona et opere sequenti
inesse ostenditur, ut exeuntes percipiant promissum consor-
tium angelicae dignitatis, ut ait Iohannes: Tunc similes
ei erimus; et dominus: Similes estote patris uestri.

CX

CXXXVIII Sunt quidam dicentes heretici: Cur non deus uno modo
semper locutus est, sed diuersis modis et linguis humano
generi praedicauit? cum secundum capacitatem hominum
uidentium atque capientium uidere atque audire ita sit locutus
2 et uisus hominibus. Proiecto itaque de paradiso homine mor-

4 Matth. XXII 30 **13** Philipp. III 20 **14** Luc. X 20 **15** Matth. XXII 30 **17** Matth. XXV 34 **21** I Ioh. III 2 **22** Matth. V 48

2 scripturę *A* **6** *fortasse fuit* permittuntur **9** doctrinā A^1 **17** *idem iterum* de] de *B om A* **19** scae *B* sca A^1 *add* & A^2 **21** iohannis *B* similis *B* **22** patres *A* **26** captiuitatem *A* **27** cupientium *Sichardus* **28** morteque *A*

temque induto non iam ita apparebat sicut et antea, sed
loquebatur de caelo uoce ipsius audita atque ea custodita;
processu autem temporis et apparere dignabatur, ut Abrahae
beatissimo patriarchae et aliis per ordinem. Sub Mosi autem
diuersis rebus apparens et quod erat timoris atque erroris in
monte Sina demonstrabat, posteaque in figura || angeli et in 3
forma hominis, | incorporationis suae futurae indiciis praecur-
rentibus, generalem clementiam nuntiabat uisioneque iam per
somnia iustis se dominus ostendebat, ut scriptum est. Postea
uero in incorporationem apparens testabatur Iudaeis adnuntians
quae ante dixerat per prophetas. Quia ergo diuersa erat capa- 4
citas uisendi dominum, ut bonus medicus, sicut infirmitas
exigebat, et diuersa remedia hominum infirmitatibus confere-
bat, ideoque languenti saeculo in fine plus contulit medicinae,
ut et illorum primorum uirtus praepotens monstraretur, et
nostri generis periculosa infirmitas nosceretur, dicente domino:
Non egent sani medico, sed qui infirmi sunt. Maiores 5
sunt itaque priores illi, qui audientes credebant, ut Seth, Enoch,
Noë et ceteri, quam nos, qui et audientes atque legentes miseri-
cordiam Christi domini et bonitatem eius contemnimus copio-
sam. Nam et Iudaeorum causa et aliis locutus est linguis, 6
ut compleatur quod: In linguis aliis et labiis loquar
huic populo, et nec ita erunt credituri, dicit domi-
nus. Nam per Esaiam dicit: Verbum meum mittam in
Achaiam.

9 Numer. XII 6 **10** Hebr. I 1 **17** Matth. IX 12 **22** Es. XXVIII 11 I Cor. XIV 21 Origen. Hexapl. quae supers. ed. F. Field Oxon. 1875 II p. 479, 11 **24** Es. LXVI 19 (I. Grippel)

4 mose *A* moysi *B* **5** terroris *editt* **6** syna *B* **7** affuturae *B* **8** uisionemq; *A* uisionemq: *B* **10** annuntians *B* **12** uidendi *A* **15** priorum *Usenerus* **17** Maiores sunt *om A* **18** *post* illi q *erasa in A* enoc *B* **20** contemnibus *A* **22** ut—linguis *om A* **23** creditur *A*

CXI

CXXXIX Alia est heresis quae cum legit quattuor animalia | in pro-
phetis, non paruum errorem persentit, aestimans quod ani-
malia diuersa forma || praedita deum conlaudauerint, ignorantes
quod inrationabilia, id est non rationis capacia, deo laudem
2 ut homines referre non possunt. Neque enim deus laudem
pecudum quaerit, quia non pecudes ad imaginem dei facti,
sed homines rationabiles a deo sunt creati et ad hoc positi.
Sed quia uisio est et prophetarum diuino spiritu praedicata,
hic sanctorum populorum quattuor diuersae uirtutes diuer-
saque certamina nuntiabantur aduentura saeculo in diuersis
doctrinis ac uirtutibus, in diuersitate sublimitat*is* eminentiae;
3 quod leonis, uituli, hominis et aquilae *** quorum diuersae
doctrinae ac merita fulgentia p*rae*currebant, primum in patri-
archis regalis auctoritas, in prophetis deinde scientiae caele-
stis fecunditas, in sacerdotibus labor fortis pertinax concer-
4 tatio cerneretur: in apostolis uolatus sublimis in caelum et
eminens dignitas monstraretur, ut, quae formarum ante
diuersitas nuntiabat, diuersarum quippe uirtutum caelestia
merita in Christi praesentia manifestarentur in saeculo, ab eo
5 quippe concessa domino saluatore. Nam in leone regnum
fortitudinis, in uitulo labor exsuperans, in homine passio
indesinens, in aquila uolatus | sublimis agnoscitur, certantium
scilicet atque mi*lit*antium, apostolo dicente: || Nostra conuer-
satio in caelis est; et: Rapiemur in caelum et eri-
mus semper cum Christo, inquit. Et dominus dignatus
est dicere: Pater, ubi ego sum, uolo ut et isti sint
mecum.

2 Ezech. I 5 *seqq.* Apocal. IV 6 *seqq.* **24** Philipp. III 20 **25** I Thessal. IV 17 **27** Ioh. XVII 24

3 persentita estimans *A* **8** ad *om A* **9** et *om B* **12** diuersitate *A* diuersa *B* sublimitatis] sublimitate **13** *exciderunt ueluti haec:* sub figuris deum conlaudantibus scripturam declarare manifestum est, ut **14** praecurrebant *Fabricius*] percurrebant **16** fortis et *B* **22** exuperans *B* **24** militantium] miserantium *A* mirantium *B* micantium *Cotelerus* **25** est *om B* caelo *B* **27** ut *om B* **28** mecum *om B*

CXII

Sunt quidam dubitantes heretici de die Epifaniorum domini CXL
saluatoris, qui celebratur octauo Idus Ianuarias, dicente*s*
solum natalem debere eos celebrare domini VIII Kalendas
Ianuarias, non tamen diem Epifaniorum, ignorantes quod sub
lege et secundum ** saluator carnaliter omnia in se et de se
consummabat, ut et nasceretur VIII Kal. Ian̄. et appareret,
ut apparuit magis post duodecim dies *** in templo, n*on* ergo
umbra quod uerum erat *ap*pareret, et sic a magis adoraretur. 2
Per ordinem quippe pro nostra salute et annui dies festiuitatis
maior*is* isti statuti sunt quattuor: primum in quo natus est;
deinde in quo apparuit, id est XII dies post; ⟨*post*⟩ in quo
passus est in pascha; in fine uero in quo ascendit in caelum
circa pentecosten, uincentis est quippe consummatio. Qui ergo 3
unum ignorat praetermittit, potest et de aliis diebus dubita*re*,
non habens plenitudinem ueritatis, quod secundum tempora
quattuor cuiusque anni ita nobis diuersa gaudia a Christo
domino p*u*llularunt, id est in quo natus est, post in quo
apparuit, tertio ⟨*in*⟩ quo passus est et resurrexit et uisus est,
quarto in quo ascendit in caelum ||, *ut* haec per annum sine 4
intermissione celebremus generaliter exultantes, atque haec
integra inuiolataque custodientes detineamus. Quidam autem
diem Epifaniorum baptismi, alii transformationis in monte
quae fact*a* est esse opinantur.

CXIII

Sunt alii heretici qui legis praecepta per Mosen quae dicta CXLI
sunt in Leuitico Iudaeis carnaliter, nostroque in tempore

2 *cap. CXL solus A seruauit* 3 octabo dicentem 4 eos] nos *Usenerus* 5 epyfaniorum 6 * deum *supplet Oehlerus: excidit ueluti* praeceptum dei complendum 7 kł 8 *ut* apparuit *Usenerus*] VI. Apparuit *exciderunt haec fere*: et iterum Symeoni post XXVII dies non] ne 9 appareret] pateretur *Oehlerus*: pareretur *A* 11 maioris *Usenerus*] maiores 12 XIII dies; post in quo passus est i. e. pascha *Usenerus*: ⟨*post*⟩ *addidi* 13 finē 15 dubitare *Usenerus*] Dubitas 18 pollularunt 19 tertio quo 20 et 23 epyfaniorum 24 factus 26 moysen *B* 27 in tempore *B* tempore *A*

spiritaliter reuelata sunt, haec ignorantes summam rerum
festiuitatis numerumque eorum caelestis utilitatis praetereunt,
nescientes quid celebrant, putantes quod de sabbatis solum
et pascha et azimis Moses praeceperit, et non de octo festi-
2 uitatibus quas ecclesia catholica cognoscit et detinet. Dicit
enim ita Moses beatus Iudaeorum populo primum de neome-
nia et sabbatis, secundo de pascha, tertio de azimis, quarto
de manipulis, quinto de tubicinatione, quae Grece salpinga
dicuntur, quae celebrant Iudaei per annum sollemniter; sexto
autem ieiunium, septimo tabernaculorum constructio, octaua-
que est plenitudinis fructuum pomorumque uindemiae Octobris
3 mensis omnium postrema conlatio et consummatio. Quae
et secundum menses octo diuersitas iuxta litteram celebratur
a Iudaeis et secundum spiritalem scientiam: <*nam*> incipien-
tibus mense Martio in octauum mensem, || id est Octobrem,
consummata omnia per ordinem a Christo domino conferuntur.
quae sunt | plena salutis aeternae pignora in fide atque opere
4 Christianitatis consummanda atque conprobanda. Nam etsi
tunc temporis iubebantur Iudaei deo offerre horum mensuum
diuersa munera, ut recedentes ab idolis deo esse cognoscerent
offerenda haec omnia, adtamen illa oblationis spiritalis habe-
bant indicia, qu*ia* octaua perfectione*m* uirtutum, id est diei
dominicae plenam fructuum gratiam, in fide resurrectionis
domini inmortale praemium pignusque di*gn*itatis subeundae

6 Num. XXVIII 11 7 Leuit. XXIII 3 Num. XXVIII 9 Leuit. XXIII 6 Num. XXVIII 17 Deut. XVI 3 Leuit. XXIII 10 Num. XXVIII 26 Deut. XVI 9. 10 8 Leuit. XXIII 24 Num. XXIX 1 9 Leuit. XXIII 27 Num. XXIX 7 Actor. XXVII 9 10 Leuit. XXIII 34 Num. XXIX 12 Deut. XVI 13 Leuit. XXIII 39 *seqq.*

1 uelata *A* 3 celebrat *A* 4 azymis *B* moyses *B* mosis *A* praeciperit *B* 6 moyses *B* 7 azymis *B* 8 graece *B* 9 dicitur *Sichardus* celebrat *A* iudeis *A* 11 fructum *A* uindemie *A* uindimiae *B* octobrii *B* 12 collatio *B* 13 et *B* est *A* litterarū *B* 14 a *om A* et *om A* <*nam*> *addidi* 18 comprobanda *B* 19 iudeis *A* 21 attamen *B* 22 quia] quae *A* quae in *B* perfectione 24 immortale *Fabricius* iam mortale *B* inmortalem *A* dignitatis] diuinitatis

erant angelicae adepturi homines, non terrestris iam oblationis offerentes munera, id est uitae carnalis sacrificia, sed caelestis gloriae participitationem quippe sperantes a Christo domino consequi saluatore. Octiens enim offerentes dona 5 annua et octauae diei quippe dominicae plenitudinem cognoscentes diuinique spiritus accincti fortitudine id est summa rerum perfectione praediti deque hoc exeuntes saeculo, resurrectionis illic promissam gloriam se posse consequi caelestisque dignitatis consortio copulari non desperarunt, quod dominus dignatus est dicere: *Tunc eritis sicut angeli* iustis omnibus et perfectis hoc praedicans, quod et Dauid dixit *pro octaua* adnuntians. ||

CXIV

Sunt heretici qui sicuti Iudaei LXX duorum sanctorum CXLII sapientissimorumque uirorum interpretationem respuentes Aquilae cuiusdam hominis unius | Pontici, qui post annos multos interpretatus est, editionem suscipiunt. Qui cum quaedam praetermisisse necessitate urguente tunc temporis cogerentur, dissonantia putantur dictasse, et ueluti plus a quibusdam, Iudaeis maxime, intellegisse laudantur, cum de patre et filio non sicut illi priores de lege dictauerint. Septuaginta enim 2 duo dixerunt: *Aduersus dominum, et aduersus Christum eius*; Aquila autem: *Aduersus dominum, et aduersum unctum eius*. Et iterum: *Ecce uirgo in utero concipiet, et pariet filium*, Septuaginta duo

10 Matth. XXII 30 12 *inscriptio* Psalm. VI et XI 22 Psalm. II 2 (conf Origen. Hexapl. quae supers. ed. F. Field Oxon. 1875 II p. 88, 2, 2) 24 Es. VII 14 (conf Field l. s. p. 443, 1, 14)

1 er̃ *B* terrestri *A* 4 octies *B* 5 annua *om A* octaua *A* octaui *B* 7 perfectionem *A* 9 desperant *Sichardus*] desperarent 11 iusti *A* huc *A* 12 annuntians *B* 14 sicut *A* septuaginta *B* 16 homines *A* Pontici *Sichardus*] pontifici 18 preter *A*[1] mississe *add A*[2] necessitatē *B* 19 putantur *Sichardus*] putarentur 20 intellexisse *B*

dixerunt, et nomen eius 'Deus nobiscum'. Aquila autem
dixit: Ecce iuuencula concipiet, et pariet filium,
3 et nomen eius 'Potens cum hominibus'. Quae quidem
si pio sensu lectionis accepta fuerint, quod fortis et potens
nemo nisi Christus deus sit dei filius, recte intellegit: si
autem de eo dubitat, abicienda et spernenda est talis editio.
Unde Iudaei non Septuaginta duorum interpretationes habent,
qui de patre et filio et sancto spiritu bene sentientes unam
substantiam diuinitatem maiestatemque nuntiarunt, sed illius
Aquilae, quia non ita recte sensit de filio dei, || sed quasi de
4 propheta nuntiauerit. Unde interpretationes eius in medio
librorum numquam ponuntur, sed dextra laeuaque adsignantur,
et ut contraria adsignantur, et ut contraria et non plena
ueritatis ita leguntur a plurimis. Septuaginta uero duorum
decreta atque consulta, ea legens eccle|sia catholica semper
habet et detinet incunctanter, illius autem quasi superflua
5 ita aestimat esse et iudicat. Haec etenim, id est LXX duo-
rum interpretatio, sub Tolomeo rege Aegyptiorum post Ale-
xandrum Macedonem est edita omnibus, populoque Iudaico
in Hierusalem *man*data est, cum habitarent non multi <*ibi*>
Iudaei, uelut in subiectione iam positi regis Aegyptii, rogati-
que ab ipso <*sunt*> Tolomeo, ut interpretes mitterentur Alexan-
6 driam. Qui cum uenissent Septuaginta duo sapientes ac
prudentes uiri interpretes, secundum iussu regis Hebream
linguam Greco sermone interpretati Grecis litteris ediderunt,
7 sicuti et factum est. Cumque suscepisset eos Tolomeus rex
Aegypti, temptare uolens si esset horum diuina scriptura
quam legebant Iudaei, separatim quemque iussit includi in
cubiculum nullumque uidere alium nisi solum exceptorem

5 sit dei *A* dei sit *B* 6 abicienda *B* ambigenda *A* 10 quia *A* qui *B* sentit *B* 13 adsignantur et ut contraria *om B* 15 consulata *A* 17 aestimat esse *B* ęstimantes se *A* septuaginta *B* 18 ptolemeo *B* 19 machedonē *A* 20 <*man*>data] data <*ibi*> *addidi* 21 uelud *A* 22 <*sunt*> Tolomeo] tholomeo *A* ptolemeo *B* alexandria *A* 25 grego *B s. s.* c gręcis *A* 26 ptolemeus *B* 27 eorū *B* 29 excepto eū qui *B*

qui interpretem exciperet dictitantem; omniumque accipiens 8
postea interpretationem || cottidie, cum consentientem in unum
inueniret editionem omnium, iussit conscribi atque poni in
templum, ut uenientibus de Achaia, de Grecia atque aliis
prouinciis filosofis, poëtis et historiographis cupientibus legendi
copia non negaretur. Unde et maxime argumenta sumentes 9
filosophi, poëtae, | oratores atque historiographi, sicuti uoluerunt, ad suae paganitatis mendacia transtulerunt, aliisque nominibus rudes puerorum animas edocentes legem dei diuinam irritam saeculo facere properarunt, impietatisque semina in sono uerborum, in periculosis sententiis confirmarunt; quorum causa dicebat et dominus fures atque latrones eos fuisse, in omnibus atque ab omnibus cognoscendos.

CXV

Est heresis quae iterum post Aquilam Triginta hominum CXLIII
interpretationem accipit, non illorum beatissimorum LXX
duorum, qui integre inuiolateque de trinitate sentientes ecclesiae catholicae firmamenta certissima tradiderunt interpre-
tantes scripturas. Isti triginta, qui*a* et in multis Aquilam 2
sunt secuti, *i*nde ab ecclesia catholica et istorum non suscipitur interpretatio neque continetur in libris authenticis.

CXVI

Est heresis quae iterum Sex uirorum interpretationem CXLIV
postea editam uult sequi, non illorum priorum sanctorum || que

12 Ioh. X 8

1 excipere *A* accipies *A*[1] 2 cotidie *B* consentiente minutum *A* 3 inueniret. et *A* 5 historiografis *B* 6 sumentis *A* 7 filosofi *B* oratoris *A* historiografi *B* 10 irrita *A* 11 in sono *B* sono *A* 13 cognoscentes *A* 16 interpretatione *A* septuaginta *B* 19 quia et in] qui et in *B* qui et *A* 20 inde] unde 21 interpretatione que continentur *A* interpraetatione nequae continetur *B* 23 interpretatione *A* 24 propriorum *A*

Septuaginta duorum, et cum decreta consultaque LXX duorum aliis modis | interpretari desiderant, non paruum errorem incurrunt, diuersa itidem sentientes de fide catholica.

CXVII

CXLV Sunt heretici ali*i* qui Theodotionis et Symmachi itidem interpretationem diuerso modo expositam secuntur, non illam beatissimorum priorum, quam ecclesia catholica colit et praedicat.

CXVIII

CXLVI Est alia heresis quae de dolio inuentos libros post captiuitatem postque incensionem prolatos et non consentientes interpretationi primae sanctorum uirorum uult sequi, cum ecclesia catholica LXX duorum interpretationem legit, colit et praedicat, alia autem superuacua et contraria tantae editioni contemnit et abicit.

CXIX

CXLVII Sunt quidam heretici non intellegentes quod dicit scriptura: Diis alienis non maledicetis; et ita obseruant, putantes de uanitate paganorum dixisse, atque ita sentientes
2 non paruum salutis suae sustinent detrimentum. Cum enim Moses dicat: Templa eorum destruetis, idola frangetis, et Abraham beatissimus frangens idola iustificatus est, et Gedeon nocte in | cendens idola et frangens ea a domino Christo tantum uirtutis meruit impetrare, ut cum pau-

18 Exod. XXII 28 21 Exod. XXXIV 13 23 Iudic. VI 28

1 septuaginta *B* 3 diuersam *A* 5 alii qui *Sichardus*] aliqui 6 sequuntur *A* 11 incessionem *A* 13 septuaginta *B* 14 alii *B* ditionis *A* 18 aliis *B*[1] 19 de uanitate *B* diuinitatem *A* 21 moyses *B* frangentes *A* 23 incendes *A*[1] ea a dn̄o *A* et a dō *B*

cis infinitos uinceret inimicos, ‖ omnesque iusti, ut Helias
beatus et alii itidem, quomodo ergo hic aestimat homo
inprudens de idolorum dixisse uanitate, isdemque non esse
maledicendum? cum Dauid dicit: Similes illis fiant qui
adorant ea. Hic itaque diis non esse maledicendum alienis 3
cum dicit, id est iustis ab origine mundi colentibus pietatem
ueram, id est angelis et sanctis aliis uerae fidei dedicatis
non esse maledicendum. Nam quod omnes iusti maledixerint 4
idolis et fregerint ea, et inde meruerint gratiam, ut Moses
fecit de monte descendens Sina, et quod Christi nuntii sunt
dii, ut Moses Pharaoni et Aegyptiis, cum scriptura clamet:
Ego dixi dii estis ⟨*dubium non est,*⟩ utique qui sanctam 5
adorandam trinitatem colentes forti fide praedicant; qui et
omnes iusti uere beati et sancti sunt, et ut dii infidelium
scilicet dinoscuntur, quia ait dominus: Ad quos fuit uer-
bum dei *** et per eos praedicatum est, incredulorum dii
ipsi sunt appellati, ut Paulus, Barnabas, et Moses Pharaoni;
qui non sunt maledicendi, sed modis omnibus conlaudandi | 6
atque honorandi et glorificandi, ut dixit Dauid: Timentes
autem dominum glorificabit; et dominus: Glorifi-
cantes me glorificabo. Non ergo intellegentes uirtutem
scripturarum ex littera paganitati con‖sentiunt, et alieni a
Christianitate repperiuntur. Quia ergo non credebant iustis 7
Iudaei prophetis et aliis talibus, alieni et isti sicut et pagani

1 III Reg. XVIII 40 4 Psalm. CXIII b 8 9 Exod. XXXII 20
12 Psalm. LXXXI 6 Ioh. X 34 15 Ioh. X 35 17 Actor. XIV 11
19 Psalm. XIV 4 20 I Reg. II 30

1 ut *B* et *A* 3 uanitatem *A* iisdemque *B* 4 dicit] it *in ras A* similis *B* fiat A^{1} 6 iusti *A* 9 et inde *A* inde *B* moyses *B* 10 sina et *A* sine eo *B* sunt *A* hii sunt *B* 11 moyses *B* faraoni *B* 12 ⟨*dubium non est*⟩ *addidi* 13 adorandamque *B* 15 qui *A* 16 *exciderunt ueluti haec:* Nam quia nuntiabatur ab eis uerbum dei incredolum *B* 17 mosis *A* moyses *B* faraoni *B* 19 orandi *A* 20 glorificabit A^{2} glorificauit $A^{1}B$ 22 alieni a *B* aliena *A* 23 reperiuntur *B* 24 iudęis *A* sicut et *B* sicut *A*

iudicab*a*ntur a domino per scripturam, atque ita nuntiabatur, ne maledicerent suis doctoribus et prophetis, iustis et aliis.

CXX

CXLVIII Sunt quidam heretici legentes in Genesi de Melchisedech
sacerdote atque rege, qui erat in Salem ciuitate tunc temporis ita nominata sub Abraham beatissimo patriarcha, de
quo ait scriptura, sine patre, sine matre eum fuisse genitum,
2 *** cum sit hoc contrarium ita sentire. Scriptura enim non
de carnali eum generatione editum esse negauit, sed de iustis eum non genitum parentibus declarauit, qui naturali studio de mandato pristino ad tantam Christi peruenire meruit scientiam, ut, quae a parentibus suis | non audierat, proprio tamen studio maiora Christi mysteria per mandatum agnosceret offerenda, cum dicat dominus per prophetas: Ecce ego facio noua; et: Priusquam ueniant, adnuntiata sunt uobis; et: Nolite meminisse praeterita, quae
3 in lege carnaliter dicta sunt. Et saluator ait: Quod
nascitur de carne, caro est, et quod nascitur de spiritu, spiritus est. De hoc enim cum dicit, sine patre, sine matre editum, sine traditione atque doctrina parentum | eum fuisse inquisitorem scriptura nuntiauit, naturaque potentem ac capacem caelestis sapientiae, id est Christi mysterii

4 Gen. XIV 18 *seqq.* 7 Hebr. VII 3 14 Es. XLIII 19 15 Es. XLVIII 5 16 Es. XLIII 18 17 Ioh. III 6

1 iudicabantur *Fabricius*] iudicabuntur 2 iustis et *A* et iustis *B* 4 *Hoc caput solum seruauit cod C* legentes heretici *B* melcisedec *C* 5 adq: *C* ciuitatem *BC* 8 *** *excidisse haec fere apparet:* atque non intellegentes uirtutem scripturarum carnaliter opinantur hoc fuisse dictum sic *A* non *om A* 9 carnali eum *AC* carnalium *B* 11 meruit peruenire *C* 12 qa *C*[1] qua *C*[2] 13 mesteria *C* 14 dicit *A* 15 annuntiata *B* 16 praeterita quae *BC* preterit *A*[1] atq; *add A*[2] 17 dicta *AB* scripta *C* 18 de carne—nascitur *om A* 21 eum *BC* Cum *A* scribtura *B* scripturā *A* 22 ac capacem *A* ad capacē *C* ac pacem *B* sapientiam *C*

per mandatum declarauit aduertentem. ||| Quod sciens apostolus 4
naturam hominum caelestis scientiae ac pietatis esse capacem
in omnibus praedicabat ita: Cum enim gentes, quae
legem non habent, naturaliter ea quae legis sunt
faciunt, isti legem non habentes ipsi sibi sunt 5
lex, qui ostendunt opus legis scriptum in cordibus
suis, et cetera. Quod etiam ait dominus Petro quia caro
et sanguis non illi reuelasset, sed pater qui in
caelis est, fidem quippe domini saluatoris ostendens. Ideo-
que et ipse iterum dominus: Si quis non renatus fuerit
ex aqua et spiritu, non intrabit, inquit, in regnum
caelorum. Et iterum in lege: Qui dixerunt patri et 6
matri 'Non nouimus uos', | isti custodierunt man-
datum meum ‹*cum*› dicit dominus, non genituram parentum
odiendam utique, sed impietatem eorum paganam spernendam
atque damnandam esse modis omnibus *** conlaudabat, cum
dicat: Si quis non renuntiauerit suis omnibus, non
erit dignus in regno caelorum. Hic igitur beatus 7
Melchisedech, cum de alienigenis, id est Cananeis impiis fuisset
editus, contempta impietate parentum, cum capax legis diui-
nae caelestis esset suo studio ut dei imago, || inquisito Christi
mysterio, contemptis impiis parentibus, non solum cognoscere
Christum dominum ante in mandato, insuper etiam eius
caeleste mysterium meruit intuens et intellegens celebrare.
Ideoque et apostolus baptizatis dicebat |||: Vos autem non 8
estis in carne, sed in spiritu. Duorum igitur populorum

3 Rom. II 14 7 Matth. XVI 17 10 Ioh. III 5 12 Deut. XXXIII 9 17 Luc. XIV 33 25 Rom. VIII 9

1 aduertentes aposto .... minum *C litteris deletis* 4 habebant *C* 5 faciunt *om C*[1] 6 scribtum *B* 7 cetere *C* 11 inquid *B* 13 custodio sτ *C* 14 ‹*cum*› *addidi* 15 impietate *C* spernendam *om C* 16 adq: *C* *deesse multa apparet* collaudabat *B* 19 melchisedec *C* kananeis *C* fuisse *A* 20 contemta *C*[1] impietatem *B* 21 suo *A* & suo *C* (s *supra* s *posita*) e suo *B* 22 misterio *C* contentis *C* 23 in *om A* madato *C*[1] eam *C* 24 cęlesti *C* 25 ideo *A* 26 duorum igitur *fere euanuit in C*

Melchisedech et Abrahae erat tunc in unum societatis coniunctio, praeputii quippe et circumcisionis conueniens ratio, ut Melchisedech quidem personam Christianorum gereret, ita
9 ut nos uiuimus et celebramus in omnibus, Iudaeorum autem in figura Abrahae <*appareret*> circumcisio, Christi quippe fidei subdita, caelestique eius inseruiens mysterio salutari, ut Abraham beatus Melchisedech sacerdoti magno erat subditus, cui insuper etiam decimas de suis facultatibus offerendo non dubitaret ** et ut regi atque sacerdoti dei, quo*modo* nunc Iudaeorum indocilitas subiecta nobis est *ut* uelit ediscere atque a nobis de lege et prophetis Christi mysteria paulatim agnoscere atque in eius passione caelestem sperare scientiam de lege pariter et prophetis.

CXXI

CXLIX Sunt quidam legentes ** in Zacharia quod dicit: Ieiunium quarto di*e*, et ieiunium quinto, et ieiunium septimo, et ieiunium decimo erit domui Israhel in exultationem et gaudium. Quid ergo? si quis omnem septimanam uoluerit aut menses ieiunare multos, in praeiudi-
2 cium incursurus est? Absit. Immo potius laudem habebit ampliorem; ut multi prophetae fecerunt, et iusti homines cottidie faciunt plurimi. Sed cum dicit quattuor ieiunia, ueluti dies quattuor ieiunandos decernit, non autem nobis dixit aut mensis alicuius aut anni, sed sic absolute praedi-

8 Gen. XIV 18. 20 Hebr. VII 9 **15** Zach. VIII 19

1 melcisedec C^1 melchisedec C^2 tunc *euanuit in C* **2** circumcilionis A^1 **3** ut *om A* melcisedec C^1 melchisedec C^2 melchidech *B* persona *C* gerere *A* **4** nos uiuimus *BC* nouimus *A* **5** <*appareret*> *addidi* **6** salutaris *C* **7** melchisedec *C* **8** offerre *C, Sichardus* **9** *excidit ueluti* et ut prophetae inseruire adq: *C* quomodo] quod **10** subiectam *C* *ut*] cum uelit ediscere *C* uelite discere *B* uelit exdiscere *A* **12** adq: *C* passionē *A* **15** *excidit* scripturam heretici et non intellegentes **16** quarto die et] quarto dicit *A* quarto et *B* **17** isrł **18** exultatione *A* si *om A* **19** mensis *A*

cauit, ut mysteria Christianitatis in ipsis quattuor ieiuniis
nuntiata cognosceremus. Nam per annum quattuor ieiunia in 3
ecclesia celebrantur, in natale primum, deinde in pascha,
tertio in ascensione, quarto in pentecosten. Nam in natale
saluatoris domini ieiunandum est, deinde in pascha quadra-
gensimae aeque, in ascensione itidem in caelum post pascham
die quadragensimo, | inde usque ad pentecosten diebus decem
aut postea: quod fecerunt beati apostoli post ascensionem 4
ieiuniis et orationibus insistentes, ut scriptum est quod me-
ruerint pro pentecosten plenitudinem diuini spiritus et perfec-
tionem consequi potestatis, ut, inrigatione diuini spiritus
affluente, iam armis instructi caelestibus, omni dubietate
seposita, in qua erant antea, post autem doctores inuicti et
gloriosi martyres ipsius domini fieri cottidie properabant,
Iudaeos et paganos edocentes, eisque de lege et prophetis 5
Christum ubique deum cum patre sempiternum prophetarum
testimoniis || conprobantes, eiusque praesentiam carnalem salu-
berrimam orbi terrarum adnuntiantes. Alii autem putant
secundum quattuor tempora anni cuiusque dixisse scripturam,
alii etiam de Noë dix*isse ads*erunt, <*quod primum,*> quando 6
audiit, et credidit, deinde cum arcam confecit, postea autem
cum intrauit in eam, quarto quando exiuit de arca. Alii
autem Iudaeorum Israhel dixisse scripturam arbitrantur, quod,
cum audiuit populus primum in Aegypto per Mosen, tunc
temporis et credidit, liberatus de Pharaone et Aegyptiis,

9 Actor. I 14 XIV 23 **20** Gen. VI 9 **21** Gen. VII 5. 7 **22** Gen. VIII 18 **25** Exod. V *seqq.*

1 in *om B* **3** ////in *A* natali *B* in *om* B^1 **4** in ascensione *A* in epiphania *B* pentecoste *B* **6** aeque *A* atque *B* in ascensione *B* ascensionē *A* **7** diem *A* pentecoste *B* **9** ieiunii sed *A* scribtum *B* **10** pro *A* in *B* spm̄ *A* (m *m2 inlata*) **11** irrigatione *B* **12** afluente iam *B* affluentiam *A* **13** ante *B* **15** iudęis *A* **16** patrem *A* **17** testimonii *A* cōprobantes *B* **18** annuntiantes *B* **19** dixisset *A* scribturam *B* **20** dix<*isse ads*>erunt <*quod primum*>] dixerunt quando *om A* **21** inde *B* conficit *A* **22** ea *A* **23** isrł scribturam *B* **25** liberatur de faraone *B*

deinde quod exiuit de Aegypto, tertio quod in montem iit
et accepit legem a domino saluatore, quarto quod intrauit in
7 terram repromissionis; sed non omnes | introierunt, sicut scri-
ptum est, nisi duo soli, Iesus et Chaleph, ut dixit scriptura.
Alii autem dixerunt <*quod*> quattuor ieiunia sunt in*dicta* eccle-
siae ista in quattuor libris Mosi, quia primum fecit deus
omnia in Genesi et hominem, ut scriptum est, secundo in
Exodo, quod de tenebris liberatus exi*b*it omnis homo credens
in Christum deum, tertio quod in Leuitico offert sacrificia
diuersa, quae sunt ibi omnia Christianitatis mysteria, quarto
<*quod*> post oblationem donorum spiritalium in libro Numeri mere-
atur omnis fidelis conscribi, quod ait et dominus: Gaudete,
quoniam nomina uestra scripta sunt in libro caelo-
8 rum. Ideo et Dauid de Iudaeis dicit: Deleantur de libro,
et cum iustis non scribantur. || Et ipse iterum: Et in
libro tuo in te credentes conscribentur. Haec etiam
ieiunia in quattuor euangelia nos oportet accipere *** de patri-
archis, prophetis, sacerdotibus et apostolis, quae in nobis
complenda sunt, quod primum fides patriarcharum, deinde
uirtus prophetarum, tertio labor sacerdotum, quarto apostolo-
rum perfectio inuicti certaminis nuntiantur: quae diuersae
uirtutes inuicem cum suis uirescunt conexae temporibus, et,
docentes homines, diuersa i*u*cunditatis gaudia desiderantibus
et capientibus subministrant.

1 Exod. XII *seqq.* Exod. XIX *seqq.* 2 Ios. I 3 Num. XIV 29. 30 XXXII 12 12 Luc. X 20 14 Psalm. LXVIII 29 15 Psalm. CXXXVIII 16

1 monte *A* 2 saluatorem *A* Quarta *A*¹ 3 scribtum *B* 4 caleb *B* 5 <*quod*> *addidi* in<*dicta*>] in *A om B* 7 scribtum *B* 8 exiuit *A* exit *B* credent *A* 11 <*quod*> *addidi* libro numeri *B* librorū eri *A* 12 conscribit *A* 13 qm̄ *A* quia *B* scribta *B* 14 ideo et *AB*² ideo *B*¹ de *B* et *A* 15 iusti *B* et in *A Sichardus* in *B* 17 nos *B* non *A* *exciderunt nonnulla ueluti* et pariter intellegere 19 fidem *A* 22 uirtutis *A* 23 iocunditatis 24 sumministrant *B* subministrat *A*

CXXII

Sunt heretici qui cum legunt in Solomone: Sexaginta CL
reginae, et LXXX concubinae, et iuuenculae | quarum
numerus non est, putant eum mulierum causa et iuuenarum
atque concubinarum numerum edixisse. Cumque ita sentiunt,
infructuosi, immo potius ut pagani impii et Iudaei ineruditi
atque indocti iudicantur, ignorantes quod haec rationabilia 2
sunt et intellectibilia ab eodem nuntiata, quae in Christi
maiestate et potentia diuersa gratiarum *m*u*n*era humano
generi ostendebantur aduentura diuersisque temporibus uolun-
tati hominum ac capacitati desiderantium ab eodem inpertita,
non deo negante parem gratiam, sed, iuxta quod capere potu-
iss*e* uoluntas hominum nosceretur, || ipso domino tribuente
atque conferente quaerentibus studiose, cum dicat beatus
apostolus Petrus: In ueritate comperi quod deus perso-
narum acceptor non est. Et Paulus apostolus itidem: 3
Deus hominis, inquit, personam non accipit. Ex uolun-
tate itaque iuxta quod capit quisquis et desiderat, ita et a
deo Christo ei tribuitur atque inpertitur cottidie. Diuersae
igitur dignitates ac diuersae gloriae a Salomone nobis nun-
tiatae sunt: in mandato quippe, lege et Christi gratia, omni-
que, id est primo et secundo et postremo tempore, populis
quae diuersa meritorum conlata sint munera dignitatis, ut
priori populo, deinde Iudaeorum, tertio Christianorum; qui*a*, 4
ab illis prioribus qui ante Iudaeos fuerunt cum edocemur,
in Christi praesentia | et de*i* Christi diuersam effusam gratiam

2 Cantic. VI 7 **15** Actor. X 34 **17** Galat. II 6 Rom. II 11

2 in *om A* salomone *B* **3** octoginta *B* quorū *A* **4** iuuencularum *Sichardus* **5** dixisse *A* **9** munera *Sichardus*] numera humanu *A*¹ **10** ostendebatur *A* **11** imperita *B*¹ impertita *B*² **12** potuisset **15** comperi *A* cognosco *B* **17** inquid *B* ex *B* & *A* **18** quisquis et *A* quisquis *B*² quiquis *B*¹ et *om A* **19** tribuetur *B* impertitur *B* **21** gratiā *A* **23** collata sint numera *B* **24** quia] qui **25** fueř *B* fuerant *A* **26** presentiam *A* dei] de Christi *om B*

5 capientibus et quaerentibus cottidie peruidemus effundi. Nam
quod aliae animae ad regimonium, aliae ad coniunctionem,
aliae ad incrementum perfectionis aetatis in coniunctionem
futurae fidei Christi domini uocarentur, manifestum est,
dicente apostolo: Qui coheret Christo domino, unum
corpus est. Nam ubi reginae nomen dicitur, regni caelestis
manifestatur excellens nobilitatis sublimitas, quod et dominus
uocationem multorum praedicans paucorum electionem || adnun-
tiat adfuturam, in quibus triplex uirtutis dignitas enitescit.
6 Et in euangelio dicente domino ad illum: Si uis esse per-
fectus, uade, uende omnia quae habes et da paupe-
ribus, et ueni sequere me, et habebis thesaurum in
7 caelo, at ille tristatus, inquit, est, ut scriptum est. Ergo
etsi ante generaliter secundum temporis diuisionem populo-
rumque factum est, adtamen in Christi praesentia triplex
gratia resplendet ac dignitas, ut alii perfecti, alii sequentes,
alii postea secuturi demonstrarentur non in uno modo digni-
tatis, id est regni caelestis inueniendi, sed secundum fidem
atque laborem eorum atque diuersa certamina mercedem con-
gruam adepturi, dicente domino: Multae mansiones sunt
8 apud patrem meum. Ideo et Dauid animam ad regimonium
uocatam modis omnibus conlaudat, edocens: Adstitit regina
| a dextris tuis. Aliam etiam sequi hortatur: Audi filia
et uide, et obliuiscere domus patris tui, et concu-
9 piscet rex speciem tuam. Ut ergo est rationis, conuenit
cognoscere quod alii in regno, alii in paradiso, alii in uitam
atque remissionem peccatorum in futuro erunt deputandi;

5 I Cor. VI 17 8 Matth. XX 16 XXII 14 10 Matth. XIX 21. 22 20 Ioh. XIV 2 22 Psalm. XLIV 10 23 Psalm. XLIV 11

2 alienae B^1 3 perfectioris *Fabricius* coniunctionis *A* 5 coere A^1 *add* t A^2 8 paucarum *B* electione *A* annuntiat *B* 9 affuturam *B* adfutura *A* trillex A^1 uirtutes *B* 11 et uende *B* quae habebis A^1 13 est inquit, *B* scribtum *B* 15 tamen *B* 16 dignitatis *A* perfecti alii sequentes alii *om A* 17 secutura A^1 18 fidem ac laborem *B* 20 multo *B* 22 uocata *A* collaudat *B* Adstetit *B* 24 concupiscit *A* 27 erant A^1

quod non negatur currentibus ac uolentibus et nunc ut oportet; dissimulantibus autem et non recte currentibus a domino haec non erunt conferenda.

CXXIII

Est heresis qu*ae* putat || quod Hiesus filius Naue populum CLI
Iudaeorum cultris lapideis circumciderit; quod nec rerum
natura suscipit nec uirtus aut ratio persuadet. Facilius enim
Iudaei periclitari poterant quam curari; etsi secundum dei
potentiam qu*idem* inpossibile non est aliquid, tamen rerum
natura non patitur nec ratio persuadet. N*on* ergo petrinis 2
cultris dicit circumcisos Iudaeos *sed* paganorum durissimis
mentibus ac lapideis, quae antea fuerant quidem impietati
deditae, postea uero credentes in domino, amissa mente
lapidea, meruerin*t*, ide*m* uerbo dei circumci*s*i, mente doctri-
n*a*que iam caelest*i* potentes Iudae*o*s circumcidere, id est
Christi eis insinuare scientiam salutarem, de lege et prophetis
eam quippe nuntiantes atque conprobantes undique. Quamuis 3
enim et cottidie circumcidantur Iudae*i* ab his qui ante erant
gentiles, id est doceantur de lege et prophetis, de fide Christi
domini scilicet saluatoris *** qui si crediderint, et ipsi salutis
remedium accepturi sunt: perseuerantes autem in duritia
mentis lapideae, aeterno erunt iudicio detinendi. Ideoque et 4
dominus in eorum contradiction*e* pertinaci dicebat quod filii
eorum, id est pagani ipsi, erunt iudices eorum atque doctores,
id est gentium populus, qui ante in mente lapidea uersabatur,
postea uero per Christi fidem merebatur ad scientiam salu-

1 Rom. IX 16 5 Ios. V 2 24 Matth. XII 27

2 dissimi|lantib; (lantib; *in marg additum*) *A* a *om A* 3 non erunt *B* nouerunt *A* 5 *cap. CLI solus A seruauit* quae] quod 9 quidem] quā *A* unquam *Oehlerus* 10 Non] Ne 11 dic̄ sed] de 14 meruerit idem] id est circumcidi doctrināq; iam celestis 18 iudęis 20 *exciderunt ueluti haec*: tamen suis caecitatibus properantes inseruire contemnunt ac spernunt tantam gratiam saluatoris: 23 contradictionē

5 tarem peruenire. Israhel autem secundum legem currens, ut scriptum est, ‖ ad legis uirtutem peruenire non potuit, quia non ex fide, sed ex operibus currere properabat. Iacob enim dicit quod ipse erit spes gentium, non Iudaeorum. Oportet ergo gentes credere uniuersas primum, tunc demum ab ipsis gentibus Iudaeos discere ac doctrinam Christi domini de lege et prophetis audire, atque ita adquiescere ut compleatur: Donec plenitudo gentium intret, et sic omnis Israhel saluabitur, sicut scriptum est. Et alter propheta ait: Aufer ab eis cor lapideum domine, et da illi cor carneum. Et dominus: Si isti tacuerint, lapides clamabunt.

CXXIV

CLII Alia est heresis quae spiramen quod accepit Adam putat
tantum esse, quantum est a Christo post resurrectionem con-
cessum apostolis, cum ignorat quod spiramentum est modicae
uirtutis aliqua gratia in audienda lege dei multorum pr*opri*um,
2 spiritus autem perfectionis est plenitudo. Spiramen itaque
datur ab infantia et cate*ch*uminis, spiritus autem in incre-
mento doctrinae fideique e*s*t salutaris baptismi plena dei
gratia, ut intellegere et ad maiorem iam possi*s* scientiam
peruenire. Ideoque post baptismum spiritum ut apostoli, iam
3 non spiramen accipit, qui baptizatur in trinitatem. Commune
est enim omnium spiramen, spiritus autem paucorum est
fidelium atque credentium et discentium et ueluti ab honore
ad honorem ‖ et a gloria ad gloriam maiorem caelestemque
scientiam et gratiam peruenientium, dicente apostolo, quod a

1 Rom. XI 7 *seqq.* **4** Gen. XLIX 10 **8** Rom. XI 25. 26 **9** Ezech. XI 19 XXXVI 26 **11** Luc. XIX 40 **14** Gen. II 7 **15** Ioh. XX 22 **27** Rom. I 17 II Cor. III 18

1 isrł **5** ergo] enim *punctis subditis s. s.* ergo **6** iudeo|rū *uersus fine diremptum* **14** accipit *A* **16** spiramen *B* **17** primum **18** est *B* et *A* **19** cathecuminis in *om A* **20** est] et **21** possit scientie *A* **24** paucorum est *B* paucorum et *A* **25** descendentē *A*

fide in fidem procedimus, et a gloria | ad gloriam prodire
properamus. Ideo ait ipse: Primus homo de terra terre- 4
nus, secundus homo de caelo caelestis, ut et natura
non insors Christi muneris inueniatur ⟨*aut*⟩ aliena penitus, id
est nec catec*h*uminus, et fides atque doctrina studiumque et
uita praeclara in paucorum fidelium et cupientium uoluntate
dinosceretur exuberans, dicente domino: Habenti dabitur,
et plus ei adicietur: non habenti autem et quod
habere uidetur auferetur ab eo. Quod Iudaeo contigit,
et aliis itidem plurimis.

CXXV

Est heresis quae cum audit in Zacharia propheta de funi- CLIII
culo agrimensorio, de quo et Dauid propheta beatus edixerat,
quod angelus tenens ibat mensurare Hierusalem, aestimat
secundum litteram ita dixisse scripturam, cum non Hierusalem metiri, quae tradi *de*bebat hostibus, sed credentium
recte atque paucorum perfect*orum* *e*lectio nuntiabatur per
angelum adfutura, ut dictum est: Multi uocati, pauci
autem electi. Hierusalem ergo in funiculo agrimensorio 2
mensurabatur, id est et ante sub paucis, et post fidem
Christi paucorum catholicae fidei gignenda electio praedicabatur in saeculo. Quod et apostolus ait: Oportet hereses
esse, ut probati manifestentur. || Quia ergo funiculus
hereditarius triplici uirtute conexus est, id est patris et filii
et spiritus sancti, haec coniunctio, cum in una eademque

2 I Cor. XV 47 **7** Matth. XIII 12 XXV 29 Luc. VIII 18 **12** Zach. II 1 *seqq.* **13** Psalm. LIX 8 CVII 8 **18** Matth. XX 16 XXII 14 **22** I Cor. XI 19 **24** Ecclesiastes IV 12

4 exors *B* ⟨*aut*⟩ *addidi* **5** ne cathecuminus *A* nec cathecuminis *B* fide *A* **7** et exuberans *A* **9** habere *B* habet *A* aufertur *B* **13** propheta *om B* **15** scribturam *B* **16** tradi debebat *Sichardus*] tradi habebat *B* trahebat *A* credentibus *A* **17** perfectorum] perfecte electio *Cotelerus*] lectio **18** affutura *B* **19** autem *om B* **20** et ante *B* ante *A* **21** gignende lectio *A* **22** et *om A* **24** patri *A* **25** eandemq; *A*

accipitur fide atque credulitate, aequalitatis quippe et ueritatis
coniungenda unitas atque colenda potentia co*g*noscitur | ab
ecclesia catholica, non in diuersa maiestatis aut qualitatis
credenda substantia praedicatur, ut quidam aestimant heretici.
3 Quod et dominus dicere dignatus est: Putas filius homi-
nis, cum uenerit, inueniet fidem super terram? Quia
et ante propheta quod tunc erat in paucis, et post Christi
praesentiam, passionem et resurrectionem eius *** diuin*a*que
sententi*a*, quod essent praeuaricaturi, hoc ita nuntiatum sit,
ut sunt heretici hodie qui a spiritu sancto aut a filio rece-
dentes diuersam maiestatis et potentiae inaequalitatem cotti-
4 die praedicant aberrantes, in hoc ergo nos oportet agnoscere
quod funiculus, ut ait Salomon, triplex non disrum-
petur, quod et credi debet a nobis quod et de diuina sub-
stantia et propria filius et sanctus sit itidem spiritus, patri
quippe conexus in omnibus, qui et cognosci debet et coli ab
omnibus. In hac ergo coniunctione baptismi et saluator nos
dignatus est confirmare, imperans: Euntes baptizate om-
nes gentes in nomine patris et filii et spiritus san-
5 cti. In quo coniungentes filium patri, et spiritum cum filio
et patre, hanc salutem cognoscimur adepturi, quia non aliunde
salutis remedium, nisi ex fide hac humano generi cognoscimus
a*d*futuram. Unde et in hac coniunctione sanctae adorandaeque
trinitatis gaudemus, in quo ante Adam pater noster, Noë,
Abraham, Moyses et prophetae, sacerdotes, iudices, apostoli
pariter ⟨*et*⟩ euangelistae praedicantes meruerunt consequi ange-
licam dignitatem, in quo et ecclesia catholica exultat hoc
praedicans | cottidie atque edocens, eandemque ha*n*c omnem
impietatem paganam et iniquitatem Iudaicam destruens cotti-
6 die omni exultat in gaudio. Nam et si triplex funiculus debet

5 Luc. XVIII 8 13 Ecclesiastes IV 12 18 Matth. XXVIII 19

1 uirtutis *B* 2 *inde a* ⟨cognoscitur *usque ad finem capitis om A* cum noscitur 7 tunc erat] nuntiarat *Oehlerus* 8 *deesse multa apparet ueluti* quod futurum erat aperte testatus est diuinamque sententiam 23 affuturam 26 pariter et *Sichardus*] pariter *B* 28 hac *B*

accipi primum mandati, deinde legis in medio tempore, deinde <*de*> gratia saluatoris, utilitatis non paruae est; aut si de fide, spe atque caritate, ut dixit beatus apostolus, quis uelit accipere, et in hoc non parui est intellectus prudentioribus ac spiritalia desiderantibus plurimis.

CXXVI

Sunt quidam heretici qui de Helia beato opinantur quod CLIV
ei corui sero carnes ad escam et mane panes adtulerint, non
adtendentes quod cuncta sanctus ac beatissimus propheta
non carnes edeb*a*t aliquando, qui omnem talem escam con-
tempserat abstinendo uoluntate; cuius et causa tantae digni-
tatis a deo honorem meruit adipisci, ut in paradisum rape-
retur sublimis, ubi cum sanctis omnibus conlocaretur. Nam 2
si de pane quidem aliquis dixerit, rationis interdum est quod
ei corui adtulerint; de carnibus autem incongruum repperitur.
Nam in hoc crudelitas beluina hominum insequenti*um* beatis-
simum prophetam ostendebatur, in auibus autem, id est cor-
uis, tant*a* mansuetudo et lenitas monstrabatur, ut, a quibus
auibus humana aberat ratio, qui non erant dei imagines
rationabiles, sed aues sicut percudes sensibiles creatae solum-
modo, in eis autem auibus, ad obprobrium hominum, Iudaeo-
rum regisque ex uoluntate pessima insequentium propheta*m*,
agnitio et sensuum lenitas insita monstraretur in opera tanti
ministerii, quod beato prophetae || cottidie ministrab*a*tur, ut in
eis auibus magis inueniretur esse ratio quaedam lenitatis
motu quodam a deo concessa uelut rationabilis. Nam omnia hu- 3
iusmodi creata a domino subiecta sunt homini, ut regi ac ratio-
nabili, dominoque *orbis* <*terrarum,*> uniuersitatis pecudum,

3 I Cor. XIII 13   7 III Reg. XVII 6   12 IV Reg. II 11

1 pimum *B*[1] **2** <*de*> *addidi* **7** *cap. CLIV solus A seruauit* **10** edebant **16** insequentia *A em Oehlerus* **18** tantā **19** humano *A*[1] **22** propheta **24** ministrabatur] monstrabantur ut in eis auibus ministrabantur **26** uelud **28** *orbis* <*terrarum*> uniuersitatis] urbium uersitates *A* (-tis *A*[2]) uolatilium et serpentium quippe, sicut scriptum est in libro Geneseos demonstra*tumque*.

CXXVII

CLV Est heresis quae cum legit in Esaia propheta quod Cheru-
bim et Seraphim animalia duo sex pennis praedita duabus
faciem dei, duabus pedes tegebant, et duabus clamabant uoce
sublimi deum conlaudantes, nimium conturbantur, et nunc
historiam quaerentes, nunc rationem intellegibilem perscru-
tantes, diuersa ambiguitate fatigantur, cum et secundum
litteram non parua est utilitas, et secundum intellegibilem
2 rationem Christi resonet caelestis scientia. Secundum litteram
enim primum, quod deum inuisibilem scriptura docendo
impietatem ubique paganam damnabat in quo scripturae illo-
rum impiae uisibilem et compositum praedicant, deinde etiam
Iudaeorum: <*nam*> ne et ipsi pari caecitate obtecti ut gentes im-
3 piae corrupti sensibus deperirent, hoc ita edocuit. Sed hic etiam
erat Iudaeorum futuri temporis in Christi praesentia incredu-
litas et coopertio a*d*nuntianda mysterii, quod caecitate operti
nimia nec prophetae nec ipsi domino erant postmodum credi-
turi, cum missus ad populum praedicat | manifeste: A u r e
a u d i e t i s, e t o c u l o u i d e b i t i s, e t n o n i n t e n d e t i s;
cooperti quippe tenebris lucem salutis aeternae, <*id est*> Christi
carnalem praesentiam, non erant agnituri, sicut et factum
4 est. Quod apostolus docens uelamen esse usque hodie in
cordibus eorundem positum a*d*firmauit, quod non reuelabitur
usque quo Christum non crediderint saluatorem. Ubi autem
conuersi fuerint, id est crediderint in Christum dominum,

4 Es. VI 2 **20** Es. VI 9 Matth. XIII 14 **24** II Cor. III 15

2 demonstraretur **5** pinnis *B* **7** collaudantes *B* conturbatur *B* **8** intellectibilem *B* **10** intellectibilem *B* **11** sententia *A* **12** scribtura *B* scripturā *A* **13** paga *B*[1] scribturae *B* **15** <nam> *addidi* **16** *Inde a* <Sed *usque ad finem capitis om A* **18** annuntianda **20** missis *B*[1] **21** dietis *B*[1] **22** <*id est*> *Sichardus, om B* **25** affirmauit

auferetur uelamen ab eorum cordibus. Quod autem et duo
animalia nuntiata sint Cherubin et Seraphin lex quippe et
prophetae, testes Christi et doctores saeculi, non est ambi-
guum. Velabant autem faciem et pedes domini siue quia in 5
parabolis et similitudinibus et aenigmatibus docebatur myste-
rium, ut scriptum est: Aperiam os meum in parabo-
lam; et Dauid: Reuela oculos meos, et considerabo
mirabilia de lege tua; et apostolus: Filium suum,
inquit, pater reuelauit mihi, id est de lege atque pro-
phetis ostendens. Sex autem pennae erant eis, et duabus 6
quidem faciem et duabus pedes cooperiebant, duabus autem
clamabant, ne forte faciem et pedes cum dicit domini coo-
pertos, quod sursum atque deorsum est, et longitudo et lati-
tudo de deo *aestimaretur*, quod nec altitudo nec profundum
nec latitudo nec longitudo dei potest cognosci aut inueniri
condigne ab aliqua creatura, et maxime homine, aut humanis
quorundam sensibus conprehendi: qui etiam tantam elemen-
torum naturam inmensam | creando perfecit, quanto magis
qui talia fecisse cognoscitur, modis omnibus antecellat?
Solum autem per fidem noscitur; quia, Virtus, inquit, in 7
infirmitate, in similitudine et aenigmatibus, perficitur,
atque inuenitur. Cumque tanta inmensitas dei dicitur atque
nuntiatur, duabus pennis, id est a Cherubin et Seraphin, lege
atque prophetis canitur et praedicatur. Duarum etiam penna-
rum clamatio die nocteque, id est et hic et in futuro, cordis
quippe credulitas hominum atque oris confessio non desinens
inuenitur, cottidie resonando quae et tunc canebatur ab an-
gelis atque ab hominibus praedicabatur in saeculo; ut, quod

6 Psalm. LXXVII 2 Matth. XIII 35 **7** Psalm. CXVIII 18 **8** Galat. I 16 **20** II Cor. XII 9

1 auferetur *Sichardus*] aufertur **6** parabolis *Sichardus* **9** reuelabit de *om* B^1 **10** pennae *Sichardus*] pinnae **14** *aestimaretur*] monstrabatur *B* monstraretur *Sichardus* **15** latitudo *Sichardus*] altitudo inueniri *Sichardus*] inuenire **23** pennis *Sichardus*] pinnis **24** pennarum *Sichardus*] pinnarum

uidere in excelso, profundo, lato atque longo non poterant,
corde credentes, atque ore confitentes, indesinenti uoce can-
8 tantes omni tempore laetarentur. Nam quod inuisibilis et
incapabilis sit diuina qualitatis naturae substantia in lege et
prophetis ostenditur, Iohanne dicente: Deum nemo uidit
umquam. Non dixit: 'non credidit', sed: 'non uidit'. Ergo
dominus credendi potentiam et confitendi solum fiduciam
tribuit, ut uirtus eius *in*enarranda in carnal*i* fragilitate mani-
festata nosceretur: quod et dominus ubique fidem suam prae-
tendit hominibus, quam et ipse ante dederat, posteaque in
9 sua praesentia confirmauerat. Cherubin autem et Seraphin
quadriformia, id est leon*i*s, uituli, hominis | et aquilae, diuersa
sunt sanctorum pariter uirtutumque certamina fortiora prae-
cellendae eorum uariaeque dignitat*i*s, patriarcharum quippe et
prophetarum, sacerdotum atque apostolorum itidem cum mar-
tyribus sociata, ut, in quibus ante tanta fides et dilectio
Christi exuberans noscebatur, inpar autem doctrina in quibus-
dam postea cogente causa temporis c*er*nebatur, non inpar
tamen fidei ac certaminis gloria in coniunctione diuersae
uirtutis monstraretur a Christo concessa atque condonata
10 inque omni Christianorum populo nosceretur; ut, quod uidere
non possumus nec humanis condigne sensibus definire, corde
credentes atque ore confi*t*entes his duarum pennarum uirtuti-
bus non desin*am*us Iudaeis et gentibus hoc gaudii praedicare
atque his sublime uirtutibus euolare, sperantes caelestia, ubi
Christus est dominus, ut ait apostolus, inque ha*c* sententia
salutem perpetuam posse consequi non dubitantes, docente
eodem: Quod si credideris in corde tuo et confes-

5 Ioh. I 18   12 Ezech. I 5 *seqq.* Apocal. IV 6 *seqq.*   25 Coloss. III 1   28 Rom. X 9. 10

4 diuinae qualitatis natura et substantia *Sichardus*   8 in in/ /enarranda incarnalis *B* (n *erasa*) inenarranda carnali *Sichardus*   12 leonis *Sichardus*] leones   14 dignitatis *Sichardus*] dignitates   18 canebatur   23 confitentes *Sichardus*] confidentes   pennarum *Sichardus*] pinnarum   24 desinamus *Sichardus*] desinib: 25 sublimes *Sichardus*   26 hac *Sichardus*] hanc

sus fueris Christum dominum saluatorem corpore crucifixum surrexisse, saluus eris: corde enim creditur ad iustitiam, ore autem confessio fit in salutem. Unde ait de Christo domino quod eius qualitatis 11
diuina substantia non in uisione et mensura aut compositione consistat in aliqua, sed in fide uirtutis atque confessionis | nostrae exuberans consummatur. Quae latitudo et longitudo, altum atque profundum sit, scire, inquit, eminentissimam et inconprehensibilem Christi dei gratiam atque potentiam, non est humanae fragilitatis ** potenter expromere, sed in fide atque per fidem facile posse contingere docuit quod mens hominum non praeualet enarrare.

CXXVIII

Sunt quidam qui aestimant *** quod Esaias beatus ** post CLVI
confessionem populi peccatoris ac precem, quam *sup*plex ad deum effuderat, || de Cherubin unus uenerit missus a domino ad prophetam, et acceperit de forcipe carbonem, et tetigerit labia ipsius, aitque ei: Ecce iam mundatus es <*et*> putant aut de angelis unum uenisse ad eum, aut de animalibus, *ac* de forcipe ignem accepisse et mundasse prophetam beatissimum: quod non est adeo scientiae salutaris, cum hic 'de Cherubin aut Seraphin unum animal' cum dicit, id est de duobus testamentis dicit, unde patriarchae, sacerdotes, prophetae *deflu*xerint et apostoli, qui mundo omni aduenturam gratiam ostendebant, quadriformi uirtute fulgentia munera ad

7 Ephes. III 18. 19 **19** Es. VI 6 *seqq.*

2 resurrexisse *Sichardus* **5** et mensura aut compositione *bis scripsit B*[1] **11** *exciderunt ueluti* neque ualere nos ait eam uerbis **15** *exciderunt ueluti* heretici secundum litteram dixisse scripturam *excidit* est testatus quod post *om A* **16** supplex *Sichardus*] duplex **17** uenerat *A*[1] **19** <*et*> *addidi* **20** ac *Oehlerus*] aut **22** scientia *A* de cherubin *A Sichardus* cerubin *B* **24** sacerdotes prophete *A* prophetae sacerdotes *B*[2] sacerdotes *B*[1] **25** defluxerint] edixerint omnia ad inuenturā *A* **26** gratiam *om B*[1]

2 certamina caelestia capientibus ministrantes. Nam cum de
Cherubin <*dicit aut de Seraphin,*> plenitudo scientiae dicitur et
uirtus ignea peragrans appellatur. Hi itaque, plenitudinem
habentes scientiae spiritalis | ac Christi mysterii tenentes diui-
tias, diuersas doctrinas iussu domini nobis dimittunt et defe-
runt, omnique saeculo itidem sine quadam intermissione nunti-
antes; ex quibus unus missus est ad Esaiam prophetam.
hanc Christi quippe doctrinam adnuntians, saluatorem, quod
erat aduenturus in carnem, spiritusque diuini credentibus
3 adlaturus gratiam copiosam. Esaias itaque de patriarchis et
lege et prioribus suis prophetis acceperat gratiam fortiorem,
id est diuini spiritus potentiam ampliorem, ‖ a prioribus sci-
licet, ut Christi mysterium, id est incorporationis ipsius
saeculo *ut* gratiam nuntiaret. Ideo et dominus ad quosdam:
O duri corde, et inprudentes animo, cur non aduer-
titis quod lex et prophetae de filio hominis quae
ante praedixerant adfutura, cuncta consummari
4 oportuerat? Dicebat enim de patriarchis et lege beatum
accipere Esaiam, ut ab eis doctus forti animo Christi car-
nalem praesentiam praedicaret. Ignem etiam quod ait acce-
pisse angelum et purgasse ipsius labia, utique diuini spiritus
ei gratiam ostendebat concessam a domino, ut ait: Ignem
ueni mittere in mundum: quam uolo ut accendatur
ocius. De forcipe autem, id est de ferro, de inuicta natura
eius atque diuina | quippe dicebat potentia, quod corpus Christi
diuino spiritu diuinaque potentia in utero sanctae uirginis
creatum atque consummatum est, sicut scriptum est: Spi-
ritus sanctus superueniet super te, et uirtus dei

15 Luc. XXIV 25 **22** Luc. XII 49 **27** Luc. I 35

1 nam *in ras B* cum de *om B* **2** <*dicit aut de Seraphin*> *addidi* **3** peragras *A* **5** diuersas *B*[2] diuesas *B*[1] diuisas *A* dimittant *A* defecer̄ *B*[1] **8** Christi quippe doctrinas *A* quippe Christi doctrinam *B* annuntians *B* **10** allaturus *B* **13** xp̄i *B* scī *A* **14** ut] et **17** affutura *B* comsummari *B* **18** decebat *B* de *om B* **19** ductus *B* **25** quod—potentia *om A* **27** scribtum *B* **28** super *A* in *B*

obumbra*b*it te, *** inque eo apparens corpore uinceret omnia,
a nullo autem superaretur. Sicut enim ferro domantur ac subi- 5
ciuntur omnia, e quo et gladius gignitur, ⟨*ita*⟩, ut dictum est,
uerbum domini ut gladius bis acutus, qui domare
potest omnia, domari autem ab aliquo non potest. Daturus-
que eis erat post passionem in resurrectione diuini spiritus
beatis apostolis inuictam potentiam, ut scriptum est: Spi-
ritus domini super me, et cetera. ‖ Et Petrus beatus
⟨*de*⟩ promissione accepta a patre ad Iudaeos dicens: Effudit,
⟨*inquit,*⟩ hanc gratiam, quam uos uidetis atque au-
ditis hodie. Igni etiam forcipem sicut formari cognoscimus,
ita et corpus domini diuino spiritu nouimus conf*o*rmatum
*at*que ita suis eum dedisse in corpore illam promissam gra- 6
tiam atque inuictam potentiam, ut ait: Dedi uobis pote-
statem calcare super omnem uirtutem inimici. Et
apostolus: Quis nos separa*b*it a caritate Christi?
Per quae eis cunctis iam in hoc credentibus saeculo, ut
dictum est, per inpositionem manus apostolorum diuinus
dabatur spiritus in Christum dominum credentibus salua-
torem.

Et sicut duo animalia duo haec testamenta accipiuntur legis et prophetarum, adstantia domino, sicut uiderunt in monte apostoli, adtamen rationis erit quod et duo animalia intellegenda sunt, mandatum, primum, quod datum est, quod et spiritale potest | intellegi, ut scriptum est, quod et saluator non soluit, sed confirmauit potius: secundum autem animal doctrinam Christi, id est fidem eius et gratiam incor-

4 Hebr. IV 12 **7** Es. LXI 1 **9** Actor. II 17. 33 **14** Luc. X 19 **16** Rom. VIII 35 **17** Actor. VI 6 *alibi* **23** Matth. XVII 3 **25** Rom. VII 14 **26** Matth. V 17

1 obumbrauit *deesse multa apparet* eo *om B* **3** e *A* a *B* ⟨*ita*⟩ *addidi* **4** ut gladius *A* gladius *B* **6** ei *A* **7** scribtum *B* **9** ⟨*de*⟩ *addidi* **10** ⟨*inquit*⟩ *addidi* **12** noum' *B*[1] confirmatū *A* consummatū *B* **13** atque] itaque **16** separauit **17** in *om A* **18** impositionem *B* **23** attamen *B* **25** spitalē *A* **26** secundum *A* sed secundum *B* **27** id est *A*[3]*B* idem *A*[1]

porationis et testamenti passionisque eius et resurrectionis
7 mysterium continebat. Unde lex litterae in medio est posita
inter mandatum et gratiam; quae si intellegitur, de Christo
consentanea in multis accipitur: si autem in carnali iustifi-
catione quis saluari putauerit, abicienda decernitur, cum de
patre et filio et sancto spiritu ante legem, id est ante tria
milia annorum || et septingentos annos, iusti priores illi sub
mandato uiuentes ac beatam trinitatem colentes et suis filiis
tradentes cognatisque, et saecul*o* praedicabant mysteriumque
8 Christi domini de ipso mandato antiquissimo nuntiabant. Lex
itaque admonitio mandati est, quae et coniungitur secundum
fidem colendae trinitatis, et iterum separantur quaedam eius
propter Iudaicam et carnalem iustificationem, cum et pro-
phetae illa destruxerint antea et saluator abiecerit et apostoli
uetuerint circumcidi homines. Lex itaque de mandato causa
cogente carnali descendit ad tempus, gratia autem Christi, id
est mysterium incorporationis et passionis et resurrectionis
fideique eius et ascensionis in caelum ante legem a iustis
omnibus | noscebatur et quaerentibus et capientibus non cela-
batur, ut Enoc et Noë et Melchisedech, ut Iacob et aliis
iustis ac beatissimis patriarchis, et ceteris qui ante legem
Mosi uixerant, sub mandato scilicet constituti atque in omni-
9 bus iustificati a domino. Lex autem et fides Christi dicitur,
ut ait apostolus: Per legem fidei Christi; lex carnalis
iustificatio Iudaeorum est. Mandatum autem etsi non putatur
lex esse, tamen quod a domino seruo dicitur et decernitur,
legis est ratio, ut quod uelit eligat, aut seruare || ut amicus
et fidelis, aut contemnere ut seruus sub lege subiectus. Unde
et saluator apostolis mandatum dabat, ut amicis et fidelibus,
quod et Adae patri nostro, antequam peccaret, similiter
dederat; post peccatum autem non iam mandatum societatis

14 Galat. V 2 **24** Rom. III 27 **29** Ioh. XIII 34 XV 14

7 septuagentos *B* **9** saeculi **11** ammonitio *B* **13** cum *om A* **20** noe et *A* noę ut *B* **26** esse *A* est *B* seruo domino *A cum signis transpositionis* **27** seruare//./// *A* **29** et *om A*

et propinquitatis ac dilectionis erat et fraternitatis, sed timen-
dae seueritatis iudicium decernebat, in contemnendis legis
sententiis scilicet, ut etiam ait Moses: Maledictus omnis
qui in legitimis non permanserit libri huius. Ideo 10
et saluator quae in lege dicta fuerant | admonebat, et quae
ante legem data fuerant sub illis beatissimis conprobabat, ut
suam doctrinam illorum priorum coniungeret, multorumque
ita credentium et circumcisorum pariter copularet et natura-
lium itidem, id est gentium credentium sociaret, ac nolentium
Iudaeorum aliorumque incredulitatem, et imperitiam con-
iunctam utrorumque, condemnaret.

3 Deut. XXVII 26

1 fraternitas *A* 3 moyses *B* 5 ammonebat *B* 6 comprobabat *B* 11 *in A haec est subscriptio:* EXPLICIT DIUERSARUM HERESEORŪ LIB̄ in *B*: EXPL̄T FILASTRI. EPĪ BRIXIANI DE OMNIBUS HERESIBUS INCIP̄T BEATI AMBROSII EPĪ MEDIOLANENSIS DE IOSEPH *in editione Sichardi*: PHILASTRII EPIscopi Brixiensis haereseωn catalogi finis

CONSPECTVS OPERIS.

1) Praefatio p. 1. 2

2) Pars I: capp. I—XXVIII continent **XXVIII** haereses ante Christi passionem quae fuerunt

Cap. I Ofitae
„ II Caiani
„ III Sethiani
„ IV Dositheus
„ V Sadducei
„ VI Pharisaei
„ VII Samaritani
„ VIII Nazorei
„ IX Esseni
„ X Heliognosti siue De*in*uictiaci
„ XI Ranas qui colunt
„ XII Musiritae
„ XIII Muscam Accaron qui colunt
„ XIV Troglodytae (XXII)
„ XV Reginam siue Fortunam Caeli qui colunt
„ XVI Bahal idolum adorantes (XXIV. XXV)
„ XVII Asthar et Camoth qui uenerabantur (XXVII)
Cap. XVIII Moloch et Remfam qui uenerabantur
„ XIX Tafeth aram qui collocantes immolabant daemoniis
„ XX Puteoritae
„ XXI Serpenti aereo qui sacrificabant
„ XXII In spelunca sculptilibus sacrificantes (XIV)
„ XXIII Thamuz simulacrum mulieres adorantes
„ XXIV Bahalitarum idola percolentes (XVI)
„ XXV Bahal idolum a Balaam nomen accepisse qui adserunt (XVI)
„ XXVI Pythonissam Samuhelis animam ab inferis excitasse qui aiunt
„ XXVII Asthar et Astharoth colentes (XVII)
„ XXVIII Herodiani

Pars II: capp. XXIX—CLVI continent C et **XXVIII** haereses post Christi passionem quae fuerunt. Ea pars bipertita est.

3) Continent capp. priora **LXIV** id est XXIX—XCII singulas deinceps sectas uel sectarum auctores additis uariis earum sententiis et doctrinis.

A sub apostolis XIX haereses

Cap. XXIX Simon Magus
„ XXX Menandrus
„ XXXI Saturnilus
„ XXXII Basilides
„ XXXIII Nicolaus et Gnostici
„ XXXIV Haeresis ab Iuda traditore (II)
„ XXXV Carpocras
„ XXXVI Cerinthus
„ XXXVII Hebion

Cap. XXXVIII Valentinus
„ XXXIX Ptolemeus
„ XL Secundus
„ XLI Heracleon
„ XLII Marcus
„ XLIII Colorbasus
„ XLIV Cerdon
„ XLV Marcion
„ XLVI Lucanus
„ XLVII Apelles

B post Decii persecutionem XVIII haereses

Cap. XLVIII Tatianus
„ XLIX Cata Frigas Montanus
„ L Theodotus Byzantius
„ LI Metangismon dicentes
„ LII Melchisedech dicentes uirtutem dei
„ LIII Noëtiani
„ LIV Sabellius Patripassiani Praxiani
„ LV Seleucus et Hermias Galatae
„ LVI Proclianitae et Hermeonitae
„ LVII Floriani Carpocratiani Milites (XXXV)

Cap. LVIII De die paschae qui ambigunt
„ LIX Chiliontaëtitae
„ LX Euangelium cata Iohannem et Apocalypsin qui non accipiunt
„ LXI Manichei
„ LXII Patriciani
„ LXIII Symmachiani
„ LXIV Paulus Samosatenus
„ LXV Fotinus

C inde ab Constantino imperatore XVI haereses

Cap. LXVI Arriani
„ LXVII Semiarriani
„ LXVIII Eunomiani
„ LXIX Circa incorporationem aberrantes
„ LXX Tropitae
„ LXXI Circa passionem aberrantes
„ LXXII Aëriani Encratitae
„ LXXIII Borboriani
„ LXXIV Artotyritae

Cap. LXXV Ascodrugitae
„ LXXVI Passalorinchitae
„ LXXVII Aquarii
„ LXXVIII Qui prophetas cottidie adserunt et prophetias fieri
„ LXXIX Coluthiani
„ LXXX Haeresis quae dicit mundum non mutari
„ LXXXI Haeresis quae adserit excalciatos ambulare debere homines

D post persecutionem postremam XI haereses

Cap. LXXXII Nouatiani
„ LXXXIII Montenses
„ LXXXIV Abstinentes
„ LXXXV Circuitores
„ LXXXVI qui cum hominibus non sument escas
„ LXXXVII Haeresis quae adserit cum Iudaeis nos debere facere pascham
„ LXXXVIII Haeresis quae apocryfa habet solum prophetarum et apostolorum
Cap. LXXXIX Qui epistolam ad Hebreos non adserunt esse Pauli
„ XC Melitiani
„ XCI Retorius
„ XCII Haeresis quae dicit diuinitatem doluisse cum caro pateretur in cruce

4) Continet altera partis II particula totidem capita **LXIV** quot illa prior inde a XCIII usque ad CLVI. In hac particula non sectas neque sectarum auctores, sed opiniones falsas enumerat eundem ordinem fere secutus quem secuti sunt doxographi paganorum ueluti Pseudoplutarchus de placitis philosophorum (Diels doxogr. p. 181. 145) et lexicographi ueluti Iulius Pollux alii (I. Schoenemann de lexicographis antiquis qui rerum ordinem secuti sunt Bonnae 1886 p. 7. 19 seqq. CGL III 82. 235)

Cap. XCIII de deo
„ XCIV de caelo
„ XCV de terra
„ XCVI de aqua
„ XCVII de corpore hominis
„ XCVIII de anima hominis et de inspiratione
„ XCIX de anima hominis et de intellectu
„ C de pecudibus auibus serpentibus
„ CI de malis regibus et pseudoprophetis
„ CII de terrae motu
„ CIII de siderum nominibus
„ CIV de lingua et linguis
„ CV de nomine linguae
„ CVI de anno adnuntiato
Cap. CVII de consummatione saeculi
„ CVIII de gigantibus
„ CIX de paganitate a deo non instituta
„ CX de Christianitate paganitate et Iudaismo non posteriore
„ CXI de paganitatis origine
„ CXII de numero annorum a mundi origine
„ CXIII de nominibus dierum
„ CXIV mundos innumerabiles non esse
„ CXV deum non inuidiae causa Adam expulisse de paradiso (Gen. III 22)
„ CXVI Adam et Euam caecos non fuisse (Gen. III 6. 7)

I. INDEX LOCORVM SACRAE SCRIPTVRAE.

II. INDEX AVCTORVM SAECVLARIVM.

NOTABILIA VARIA[1]

[1] Pauca tantummodo delibaui quia longe plurima in indice uerborum facile quiuis suo loco poterit inuenire. 89, 4 est capitis 89 paragraphus 4

NOMINA PRORIA

INDEX VERBORVM*)

1. Vocabula de Graeca lingua petita

*) Indicem in quo uocabulum aliquod deesse nolui confeceram antequam cod B innotuerit quo facilius Sichardus et cod Sichardi quae uocabula contra consuetudinem scriptoris propagarant liceret extirpare: abstinet enim scriptor uocabulis multis ueluti *ne* interrogatiuo *an num dum tum tam tantum haud quoque ullus quisquam nonnulli uis animaduerto existimo* aliis qualia in Sichardi editione passim inueniuntur. Quem laborem etiam inuento cod B cum scriptor et difficilis et male traditus sit in codd multique loci etiamnunc emendatorum opera indigeant acceptum et gratum esse et philologis et theologis confido. Locos omnes ibi attuli in uocabulis singulis, ubi operae pretium uideretur.

2. Vocabula Latina